华夏文库·民俗书系

上海石库门生活习俗

赵李娜 著

大地传媒 中州古籍出版社

《华夏文库》发凡

毫无疑问，每一个时代都有属于自己时代的精神追求、文化叩问与出版理想。我们不禁要问，在 21 世纪初叶，在全球文明交融的今天，在信息文明的发轫初期，作为一个中国出版人，我们正在或者将要追求什么？我们能够成就或奉献什么？我们以何种方式参与全球化时代的文化传播进程？在一连串的追问下，于是，有了这套《华夏文库》的出版。

自信才能交融。世界各大文明在坚守自身文化个性的同时，不约而同地加快了探视其他文化精神内涵的步伐，世界不同文明正在朝着了解、交流、碰撞、借鉴与融合的方向前进。在此背景下，建立自身的文化自信，正是与世界各文明民族进行文化交流的基本要求。五千年中华文明与文化正在不断地被其他文明所发现、所挖掘、所认知，汉语言正在生长为世界语言，儒文化正在世界各地生根发芽。

借助这样一种正在成长着的文化自信、自觉、开放、亲和之力，用我们这个时代的学术眼光全面系统梳理中华五千年的文明与文化，向其他各大文明与文化圈正面展示自我，让中华优秀文化成为世界文化的重要组成部分，正是我们出版这套文库的目的之一。此其一。

知己才能知彼。身处五千年文化浸润的今天，重新思考我们先人的人生思考、价值思考与哲学思考，找到一个民族、一个国家的价值所在、立命所在、安身所在，这已经是我们这个时代的学人与出版人不得不再思考的问题。作为中华文明的一分子，我们在思考的同时，还必须了解我们的先人创造了如何优秀的精神文明与物质文明以及社会文明。只有熟知自己的文化，热爱自己的文化，悟明自己的文化，我们才能宣说自己、弘扬自己、光大自己。因此，我们策划组织这套《华夏文库》的初衷，还在于让当下的知识青年全面系统瞭望中华文明与文化的全景，并借此能够对更为深广的世界各民族文化提供一个比较认知的基础。此其二。

顺势才能有为。我们正处在农耕文明、工业文明、信息文明的交汇处，信息文明带领我们从读纸时代进入读屏时代，以智能手机屏幕为代表的书籍呈现方式正在与纸质书籍争夺阅读时间与空间。我们正在领悟数字技术，正在以信息文明的视角，去整理、分析和研究农耕文明与工业文明的文化遗产，不仅仅是为了唤醒优秀的传统文化，我们还在生发和原创着当今时代的文化。由此，我们试图架起一座桥梁——由纸质呈现而数字呈现，由数字呈现而纸质呈现，以多媒介的书籍呈现方式，将文字、图像、声音与视频四者结合，共同筑成《华夏文库》以奉献给信息文明时代的新读者。此其三。

总之，这是一套——专家大家名家写小书；以最小的阅读单元，原创撰写中华精神文化、物质文化与社会文明系列主题与专题；以图文、音视频多媒介呈现的方式，全面介绍与传播中华文明与优秀文化，系统普及与推介中华文明与文化知识；主旨是为了让世界与中国共同了解中国的——大型丛书，借此，复兴文化，唤起精神，融入世界。

耿相新

2013 年 6 月 27 日

《华夏文库·民俗书系》序

《民俗书系》是中原出版传媒集团一项浩大工程《华夏文库》的一个重要组成部分,分为十个系列:生产贸易民俗系列,衣食住行民俗系列,社会家庭民俗系列,人生仪礼民俗系列,生态、科技民俗系列,信仰民俗系列,岁时节令民俗系列,语言文学民俗系列,民间游乐民俗系列和民间艺术系列,涉及民俗文化的所有方面。这是一套具有相当规模的民俗类丛书。第一期约300本,每个省、自治区、直辖市10本左右。以后还有第二期、第三期。从数量上看,这套书在民俗文化呈现的广度方面是前所未有的。

有规模,成体系,才能产生深刻而广泛的社会效应。就民俗文化而言,一两本书,做得再精致,影响也是有限的。只有达到一定规模,才能全面、系统而又细致地展现中国各民族各地区丰富灿烂的民俗文化。中国幅员广阔、民族众多,以往有关民俗文化的呈现多是局部的,有很大的局限性,而《民俗书系》是对中华各民族民俗文化全方位的展示,超越了已出版的任何一套民俗丛书。这有助于对中华各民族民俗文化进行整体观照,多向度地把握、理解和享用中华各民族民俗文化。

十个系列仅仅是给定了民俗文库选题的范围和领域,而每本书的选题要求主要体现在两个方面。一是强调具体和细微。选题越具体越好,越细微越好。以往民俗文化方面的书,选题都比较大,侧重在"面"

上,而《民俗书系》的选题,侧重在"点"上。譬如中国民居方面的选题,以往即为中国民居,如陕北窑洞、蒙古包、客家民居、北京四合院等等,我们这套书要求选题更为具体,诸如门、床、窗、影壁、屋脊、砖雕、上梁仪式、天井等等。选题越具体、越集中,越能书写得深入,越能说得透彻,从不同方面把这一指向范围细微的"事象"的表现形式、过程、内涵阐述清楚。一个选题,仅涉及一个方面的话题或事物,全书就围绕一个具体的民俗"事象"集中笔墨展开阐述。

二是强调地域性。选择具有地方特色的民俗文化。选题不避偏,即便是不为外界所知的民俗文化"事象",也可以作为选题。这样的选题纳入整套书系之中,其所描述的对象就成为整个中华民族民间文化体系中的一部分,具有不可替代的位置。通过这套文库的出版,将这一原本影响不大的民俗文化"事象"推向全国,乃至世界。此处的地域是具体的,不是覆盖整个省,甚至大片地区和流域,而是局限于某一市县、某一城镇、某一村落。写一个具体地方的某一具体的民俗"事象",民俗"事象"所流传的范围是明确的。当然,也有的以一个地方的某一民俗"事象"为书写中心,适当涉及其他地方相同的民俗"事象",包括引用其起源、历史发展脉络和内涵分析等方面的相关资料,采用了以点带面的叙述范式。也有的通过图片的方式,连接其他地方同一民俗文化"事象",做一些适当比较。

在这两点要求的基础上,这套民俗书系的选题是开放性的,面向中华各民族的广袤大地和民俗文化的汪洋大海。

《民俗书系》中的每本书字数在6万~7万,配有多幅图。根据选题本身的特点选择不同的写作角度和呈现方式,甚至有的以图为主,文字只是起到辅助、说明的作用。也有的以一个故事或传说为引导,再进入民俗"事象"本身,展开层层阐述。每本书的结构简洁而又灵活，便于作者把握和读者阅读。在述与论的关系方面，以"述"为主，"述"是全书主要的行文方式和表现主体；以"论"为辅，富有层次地清晰演示特定民俗"事象"的表现形态及其现状和历史，说明其深厚的文化内涵，提供其社会及文化背景。每幅图片都有比较翔实的说明，诸如图片中的人是谁，都在干什么，主要景观和物品的名称、含义，画面属于仪式过程的哪个环节等。图片不是配图，不是为了美观，而是整本书的有机组成部分。

这套《民俗书系》追求一种原生态写作境界。这里的原生态，就是强调民俗表达的原汁原味。所使用的文字素材和图片基本上是作者自己采集到的第一手资料，夯实了全书的所有内容。这套书系的作者绝大多数不是学者或专业研究人员，而是地方文化精英，是地方民间文化传统的积极传承者。作者就是当地人，对这一选题或这一民俗"事象"最为熟悉，而且反复经历和参与过这一民俗活动，最了解这一民俗活动，并具有一定的书面语言表达能力，是最适合写这本书的人。作者对这一选题有比较丰富的资料积累和信息储备，是这一选题的代言人和权威，而书的出版更是对作者权威地位的认定。这套书系的价值主要不是学术上的，不是理论方法方面的，而是发掘地方民俗文化资源，真实、客观地再现了民俗文化，展示了民俗文化本身具有的文化魅力和现实意义。这套书系可称之为原生态民俗书系。

《民俗书系》编纂和出版的动机是宏伟的，具有高远的历史文化志向和神圣的现实责任感。这一浩大工程值得您的期待，更值得您的关注。

万建中

2015年1月20日于京师园

目 录

一 石库门：近代上海都市民俗渊薮

1. 上海租界与石库门的诞生 5
2. 石库门建筑特色 21
3. 上海近代都市民俗之源 26

二 海纳百川：衣食住行习俗

1. 寻常百姓讲究衣 33
2. 弄堂人家精致肴 39
3. 上海居，大不易 53
4. 巷弄深处有人家 61

三 熙熙攘攘：独特的里弄商贸活动

1. 房东与捐客 71
2. 外铺内里，商居交融 90
3. 流动摊贩，叫卖声声 100

四 乐也融融：居民日常游艺

1. 雅俗之间的娱乐 122
2. 弄堂中的儿童游戏 156

五 余论：城市化背景下石库门的保护与更新

参考文献 177

小知识目录

小刀会起义 …………………………………………… 20

规元 …………………………………………………… 89

《七十二家房客》 …………………………………… 89

老虎灶 ………………………………………………… 154

柳敬亭 ………………………………………………… 154

状元台 ………………………………………………… 155

女总会 ………………………………………………… 155

一 石库门：近代上海都市民俗渊薮

站在一个制高点看上海，上海的弄堂是壮观的景象……上海的弄堂是声色各异的。它们有时候是那样，有时候是这样，莫衷一是的模样。其实它们是万变不离其宗、形变神不变的，它们是颠过来倒过去最终说的还是那一桩事，千人千面，又万众一心的。石库门弄堂是上海弄堂里最有权势之气的一种，它们带有一些深宅大院的遗传，有一副官邸的脸面，它们将森严壁垒全做在一扇门和一堵墙上。一旦开讲门去，院子是浅的，客堂也是浅的，三步两步便走穿过去，一道木楼梯挡在了头顶。木楼梯是不打弯的，直抵楼上的闺阁，那二楼的临了街的窗户便流露出了风情……黄昏时分，鸽群盘桓在上海的空中，寻找着各自的巢。屋脊连绵起伏，横看成岭竖成峰的样子。站在制高点上，它们全都连成一片，无边无际的，东南西北有些分不清。它们还是如水漫流，见缝就钻，看上去有些乱，实际上却是错落有致的。它们又辽阔又密实，有些像农人撒播然后丰收的麦田，还有些像原始森林，自生自灭的。上海的弄堂是性感的，有一股肌肤之亲似的。它有着触手的凉和暖，是可感可知的，有一些私心的……[1]

---

[1] 王安忆.长恨歌[M].海口：南海出版公司，2003:1.

作家王安忆在其长篇小说《长恨歌》开头时对上海传统民居石库门里弄住宅有详细的描写。诚然，上海给人的通常印象是耸立的高楼、时尚的霓裳、丰富的美食和便捷的交通，今日之上海给人们提供了多样的工作机会、生活选择与悠闲时光，呈现着作为国际大都市的一切便利。然而，高楼大厦只是上海的"面子"，在街巷深处，另有一类建筑亦可称为百年来沪人日常生活的历史见证，代表着上海的真实城市肌理，这就是大家耳熟能详的石库门里弄建筑。

据统计，1949年以前上海有各类住房建筑面积2359.6万平方米，其中旧式里弄石库门房屋占52.7%，多数建于早期租界地区，后来主要盛行于沪东、沪西的工厂区及南市、闸北等地，居住者为低级职员、工人和小商小贩，他们是近代上海市民的主要组成部分。截至1999年底，上海全市总共有3716万平方米的旧住宅（其中市中心城区为3548万平方米），全市各式里弄建筑（包括二级旧里及以上）为2942万平方米（其中市中心城区为2675万平方米），约占旧住宅总数的80%。而到2006年总量维持在2377万平方米，其中旧式里弄为1836万平方米。上海市区不包括浦东新区，旧式里弄总量为988万平方米，其中居住条件较差的二等旧式里弄524万平方米。

石库门这种中西合璧的居住形式，伴随着上海的近代化

王安忆《长恨歌》封面

与城市化进程,从19世纪八七十年代开始出现,之后逐渐融入沪人生活。从人居文化的角度来看,在上海里弄一百多年的发展历程中,绝大多数的上海人生于斯长于斯,它是上海市民聚居的基本生活单元,是上海人都市生活的独特背景,是大部分沪人心目中极具生命力的"家园"与生活原风景。

1 上海租界与石库门的诞生

长江自西向东绵延而来,奔流到海。长江入海口屹立着一座古老而又现代的城市,这就是上海。早在几千年前,这里就有人类繁衍生息,崧泽文化遗址、福泉山遗址、马桥古文化遗址、广富林古文化遗址……无不显示着这座超级大都市的辉煌悠久历史。

上海古属吴越之地,至宋代才以"上海镇"之名载于史册。明末,此地手工业与商业相当发达,进出口贸易也很繁荣,城市东门外是繁华码头,商业繁盛,贸易荟萃,俨然"东南壮县"。清初实行海禁,康熙二十四年(1685年)海禁开放,在上海设立江海大关,然至雍正元年(1723年)重又闭港,上海作为港口城市之功能暂告一段落。但是由于此地所具有的先天港口及资本主义萌芽基础等优良条件,外国列强早已对其垂涎三尺:早在1756年英国东印度公司就想夺取上海,然未果;1806年又派官吏进入此地;1833年东印度公司林德塞又伺机潜入……一次次冒险行动之最终目标皆是为谋取登陆这一良港,从而控制攫取中国之广阔市场,但都被闭关锁国的清政府及其军队驱赶出去。直到鸦片战争期间,英军的计划终于得逞。1840年鸦片战争爆发。船坚炮利之下,清政府最终与英国代表璞鼎查签订中英《南京条约》(又称《江宁条约》),将上海、宁波、厦门、广州、福州等五城作为通商口岸。根据这一条约,1843年11月17日,上海正式开埠,这座古老的城市从此被开启了"现代化历程",裹挟于其中的最有特色的产物,便是至今还存在于上海市中心区域的一种民居形式——石库门里弄住宅。

石库门是西方在上海开辟租界的结果,但并非其直接产物。1845年11月英国以"华洋杂居不便"为借口,与上海官员签订了所谓的"地皮章程",划出一定地界作为居留地给英国人造屋居住,此举亦

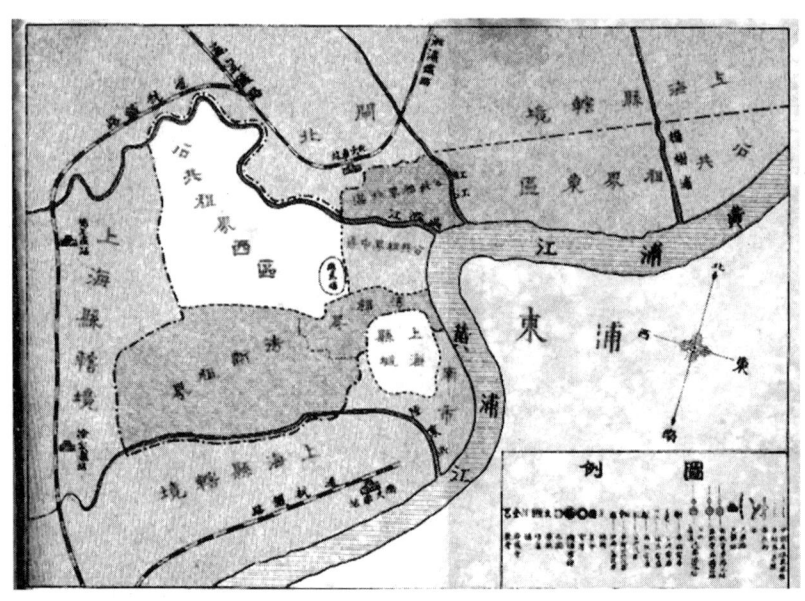

1918年上海租界分布图

使上海成为中国历史上第一个半殖民地城市。起初英方与清政府划定洋泾浜（今延安东路）以北、李家场（今北京东路）以南地区为英租界范围。次年（1846年）又划定西至界路（今河南中路）、东到黄浦江一带面积达880亩的一片区域。此后英国人不断继续侵占土地，至1848年竟扩至2820亩。此时美、法政府亦眼红英国在上海所得之利益，各自提出居留地要求，1848年美国以虹口一带为其"租界"，法、日亦不甘其后，在上海划定势力范围。1849年法国侵占上海旧城区以北区域为租界，并且此后经过1861年、1900年、1914年的几次扩占，最终达到总面积1.3万余亩的"法租界"范围。在此期间的1863年，英美租界合并为公共租界，共管事务。由此，形成了晚清民国时期上海华界、租界并存的畸形统治管理时期。

  租界一开始是作为外国列强的"居留地"，其功能主要为与华人隔离，即"华洋分治"，因此除了原住民百姓之外，不准其他外来华人在此造屋居住。然而接下来的一系列战乱改变了这种局面。清咸丰三年（1853年），上海爆发了小刀会起义。当时城厢内外及上海附近县城如青浦、嘉定等地地主富商为求避难，纷纷迁居租界，此地人口暴涨。至1855年，租界华人就由原先的500多人增至2万以上。对于这么大的人口输入，外国商人非但不驱赶，反倒认为这是一个巨大的商机，他们趁机在今广东路、福州路、河南路一带快速建造了一批成本极为低廉的"木板房"出租给华人以谋取利益。这些木板房均按照毗连式住宅布局建造，成排成行布置，容积率很高。此类房屋如雨后春笋般相继出现，虽为外商建造，但仍以中国传统街巷之"里"为名，至1860年英美租界多达8700余幢。此时上海又逢战乱：1860—1862年，太平军进军上海，四乡及江浙地区地主豪绅蜂拥而至，又带来比前一次战乱更多的人口增数。1860年租界人口即已达到50万人，人口激增之同时，地价亦十倍暴涨，房荒开始出现，木板房供不应求。

1870年租界工部局以容易引发火灾及瘟疫等安全考虑，取缔木板房，于是一种砖木立贴结构的名为"石库门住宅"的民居形式正式出现。这种住宅形式是由中国传统四合院民居转化而来，在单体平面上主要保留江南民居三合、四合楼居院落，但总体布局仍采用之前木板房的欧洲联排形式，具有采光佳、通风好、简约紧凑等特点。此类住宅最早出现在英租界地域，其中年代较为久远的有北京东路以南、宁波路以北、河南中路以东的兴仁里，这一里弄建筑群建于1872年，占地20亩。弄内由数幢二层楼居院落以联排形式组成，其中房型以三间两厢及五开间四合院为主，其内居民自然多为江南地主富户。由此开启了城厢内外及近郊大量建造此类里弄住宅的开发历史。19世纪80年代，随着英法租界的相继扩张，各国在上海开设之地产公司如业广地产公司、哈同洋行、沙逊洋行等十分活跃，大量兴建此类住宅。1900年前后，华人地产商亦开始了对里弄住宅的经营活动，当时如周莲堂、程瑾记、贝润生、严裕棠等公司在南京路、西藏路、福州路、湖北路、广东路等处拥有大批里弄住宅。此外，虹口区内亦有此类早期老式里弄住宅兴建。总体来说，当时兴建的此类住宅皆属于后来被称之为"老式石库门里弄住宅"或"早期石库门里弄住宅"的住宅。

至于此类住宅为何以"石库门"为名，众说纷纭，无从考证，此处仅撷拾两说。第一种说法是从"库门"两字入手考证。按南宋经学家胡安国注《春秋》，提到洛邑宫城有五门，从南至北为皋门、库门、雉门、应门与路门。而诸侯宫室则有三门，即路门、雉门、库门。由此可知宫室最外一道门皆称"库门"，又因石库门住宅最外之门选用石料为框，故以"石库门"称之[1]。还有一种说法较为"接地气"，可谓是"地方性知识"——谓汉语将围束之圈称作"箍"，如"金箍棒""箍桶匠"等，于是称石条作为门框围束大门的建筑为"石箍门"，又因上海近代多宁波移民，宁波话将"箍"发音为"库"，故沪上将"石箍门"讹为"石库门"，名由此来。上述两种说法皆有其理，无从确证，不过至少说明了一点，即这种里弄建筑的最初得名乃是以大门为指代，而这种石头作为门框的住宅已成为这类住宅的最大符号性标志。

1895年《马关条约》签订后，由于外国资本的输入以及我国民

鸦片战争不久后的上海外滩

---

[1] 罗苏文.石库门：寻常人家[M].上海：上海人民出版社，1991:18.

族资本主义发展，上海先后建立了一批轻纺工厂，至第一次世界大战开始之时，沪上人口已达200万之巨。这一大规模的人口存在直接促进了里弄住宅建造的新发展，约在1919年以后，开始出现一种里弄规模大、单体规模小的新型石库门住宅。这类住宅因为较能适应当时社会上出现的大家庭解体、人口剧增后造成的不同经济水平的需求，由原来三间两厢的老式石库门里弄减少单体规模转变而成，称为"新式石库门住宅"（或"后期石库门住宅"）。同时，约在1910年前后至1930年间，在虹口区吴淞路、武昌路、虬江路一带，又有广式里弄住宅之兴建，亦称为"广式石库门"，其间又有老广式和新广式之分。此后约在1920年以后的十年间，由于人口继续激增和地价上涨，又出现了一种称为"新式里弄住宅"的房屋类型。它是在新式石库门里弄住宅基础上演变而来，一般来说这种住宅环境较为安宁，卫生设备较为齐全，居住面积较为紧凑，大部分有单开间，特别适合小家庭单幢居住，同时由于大门形式已经不采用"石库门"而一般用矮铁门装于一侧，因此这种住宅也不再称为"石库门房子"了。因此，从严格意义上来说，"石库门住宅"包括老式石库门住宅（早期石库门住宅）、新式石库门住宅，但由于广式石库门房子和新式里弄住宅与石库门住宅所具有的天然亲缘关系，因此一般说起石库门房子很多还是将这两类包括其中。

总之，这几类房子都属于上海近代历史中较为广泛、普遍、居住人数最多的里弄住宅形式，具体来说其建筑特点及分布范围分别如下：

(1) 早期老式石库门民居

主要建筑时间约在1869—1910年间。上海砖木结构石库门里弄住宅早在清末同治四年（1865年）已出现，建筑总体采用纵横组合方式，既仿照我国大宅院民居多进与避弄的传统，又吸纳英国毗连式住宅的手法，单体平面脱胎于上海民居三合院或四合院形式。1870年租界工部局下令不准建造木排房后，这种砖木结构石库门建筑经过改良后移植至租界。其主要结构为立贴式的联排式建筑，开间较小，单体平面及结构主要脱胎于江南民居，主要为适应当时人口增加与城市的发展要求，为中西建筑模式在民居形式上的最初结合，且在建筑格局及结构上具有如下特点：

第一，总平面布置。一般为联列式，为结合地形多建房屋起见，对于地皮的利用率还是比较高的，但是对通风、采光、朝向多欠考虑，在住宅的排列方式上显得比较拥挤和凌乱。后期的老式石库门开始注重良好的排列方式，朝向多向南边。总弄宽度相对狭窄，支弄狭小但数量有所增加。

第二，单体平面。老式石库门里弄住宅脱胎于江南民居的格局特征，大门的位置在整个住宅的中轴线上，和传统的中国民居相似，大门进去后呈现的是一个前天井空间，住宅的中间房间为客堂，两边分别是左右厢房，通过楼梯可以从后面通向二楼。住宅平面在户型上有三间两厢、两间一厢等不同模式。早期石库门里弄住宅由于结构模式为立贴式结构，所以开间比较小，平均在4米左右，总进深为15米左右，偶有18米。石库门里弄在后期增加了后厢房，导致天井面积的减少。早期石库门住宅因为进深长的原因，也有一种形式把横向天井改为纵向小天井。

第三，结构。老式石库门里弄承重方式为立贴式承重，砖墙维护，承重柱细而多，桁条将屋面荷载传递给木柱，维护的砖墙不做承重。其基础采用碎石灰浆三合土或清水碎砖。砖墙一般为一砖墙或者半砖墙。

第四，材料与装饰。早期里弄住宅在材料和装饰上比较朴素，大都采用传统的建筑材料和施工方式，承重墙体和木柱一般用三合土做基础，非承重墙一般用半砖墙。住宅中的正屋一般所用立贴为5柱落地，后期也有4柱落地，进深较大的房屋则常用7柱落地，材料一般为土窑砖，颜色分青、红两种，早期的石库门里弄墙面大多以青砖为多，屋面采用蝴蝶式泥瓦。

最早的石库门建筑当为1872年上海外滩的"兴仁里"，在1876年出版的《沪游杂记》中有记述，它位于北京东路以

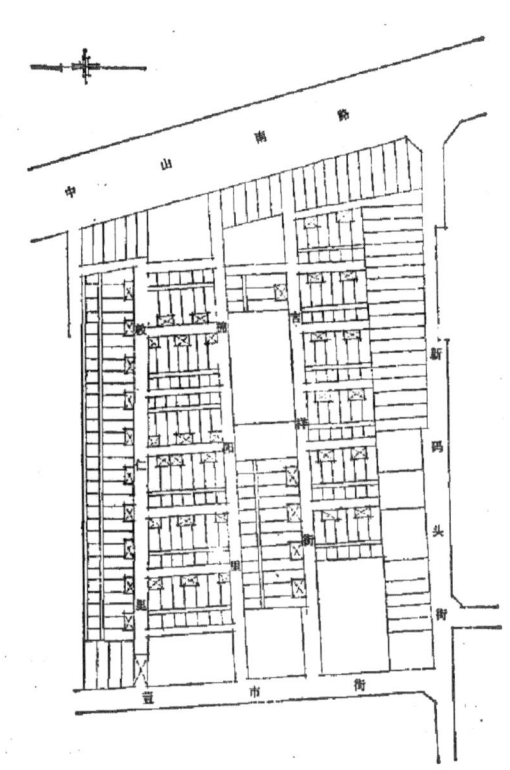

上海敦仁里、棉阳里、吉祥里街区分布图，选自王绍周、陈志敏《里弄建筑》第9页

南、河南中路以东、宁波路以北,由一条主弄和四条支弄组成。弄内有五开间二厢房和三开间二厢房两种型号石库门。自此石库门里弄正式进入当时上海居住者的生活之中。当时除兴仁里外,附近还有公顺里、上鳞里、清远里、龙兴里、恒源里等。在河南中路有吉祥里,在汉口路有昼锦里,在王家码头中山南路沿街有敦仁里、棉阳里、吉祥里,在厦门路、浙江中路交叉处有洪德里等。这些老式石库门大多分布在黄浦江以西、泥城浜(今西藏路)以东、苏州河以南、老城厢以北,即今黄浦区范围内。至20世纪初,仍有大量旧式石库门里弄在建造,如上文所述洪德里,位于汉口路、河南中路的兆福里,位于广西路、云南路和福州路之间的福祥里等。总体来讲,这些老式石库门平面布置容积率过高,排列零乱,弄道狭窄,不利于交通和消防;单体建筑平面将民居的平面改良,取消门屋,将仪门简化为石库门,前后院缩小为天井,库门围墙略低于厢房屋檐;层数前部为二层,后部辅助房为单层。

(2) 后期老式石库门民居

1910—1920年间,上海人口特别是租界人口持续增加,中下阶层住房需求量大,上海老式石库门住宅有了进一步的转化与发展,从建筑布局上来说,主要向两间一厢和单开间转化与发展,具体来说,呈现以下特点:

第一,从建筑总平面来说。后期石库门里弄住宅规模更大,总平面布置大都呈横向联立式,有明显的总弄与支弄区分。总弄平均宽度达5米左右,支弄也大多为3米。由于住宅的朝向更加合理,因此通风与采光问题得到进一步的改善。

第二，单体平面。后期石库门的层数开始增加至三层，单元占地面积更小，平面更紧凑，三五开间的传统平面形式已极少采用，而多代之以大量单、双开间平面，以两间一厢及单开间为主体。功能上开始适应当时上海的城市生活，不仅有卧室、厨房等，部分家庭还有汽车车库。另外，在两层楼房的楼梯平台处开始利用空间设置亭子间，用来出租给来沪谋生之人。后天井也由横向改为纵向。

第三，房屋结构。后期石库门里弄住宅采用混合结构，豪式桁架，局部构件如晒台开始采用钢筋混凝土材料。屋面开始用平瓦。基础大多数采用碎砖灰浆混凝土，少数采用钢筋混凝土。

第四，材料与装饰。后期石库门里弄在建筑材料上也有了很大改善，木料也由国产的杉木改为进口的美松。在装饰上，中国传统题材逐渐减少，受西式建筑影响的装饰题材增多。出现了非常细致的西洋纹样模仿，特别是建筑的细部。墙面多为清水的青砖或红砖，石库门的装饰纹样丰富，增加了里弄入口处的识别感。总体来说，后期老式石库门住宅的特点为：总平面布置排列比较整齐，皆有较好朝向，支弄数量增加，建筑密度仍偏高，里弄宽度在4米以下，仍存在交通和消防隐患；天井由横向改为纵向，与客堂间对齐，三开间二厢房住宅围绕天井建造走马阳台，单开间住宅密度高，为改善通风和采光，降低库门围墙，前部二层，后部单层上搭建木晒台，也有底层灶间上面建亭子间的。

一般来说，三开间两厢房石库门民居绝大部分是早期建造的，的确是早期石库门无疑，如位于汉口路与河南中路转角处的兆福里，占地面积0.42公顷，弄内有三开间两厢房单元9个，五开间两厢房单元3个，所有房屋都为砖木结构，实为典型的早期石库门房子。然而对于两开间一厢房的石库门房子来说，因建造时间有先有后，且有不少是为了利用土地而与三开间单元或单开间房子镶嵌拼接建造的。为了切合实际和便于区别其建造时期，常用厨房屋顶为铺蝴蝶瓦的坡屋顶，归入早期石库门民居类；建造年代晚的，厨房屋顶为钢筋混凝土平屋顶，或者原始结构为亭子间钢筋混凝土楼板，归入后期石库门民居类。单开间石库门民居，建造年代较晚，归入后期石库门民居类。

另外，还有一种比较特殊的被称为"广式房子"的民居，建造年代与后期石库门相当，也归入此类。因其建筑风格、性质比较特殊，故此专门叙述。

"广式房子"于20世纪初出现于广东人聚集的上海杨浦、虹口和闸北区，其特点为整体布局联排式，砖木立贴结构，高两层，坡屋面；每单元一个开间，平面布置底层为前客厅，后有一层的灶间，二层为前后卧室；设备简陋，多数有水、电，无煤气和卫生设备。居住者多为工人，3至4户合住一单元，如杨浦区的八埭头、虹口鸿安里、黄浦九江里和荣寿里。[1]关于"广式房子"称谓来源及建筑风格，多数研究者认为，这类民居由于房屋较低，外观类似广州城市中心的旧住宅，居民亦大多数为广东籍贯人士与日籍人士，故有此名，亦有称"东洋房子"者[2]。然据学者实地调查与研究，发现此类房屋并非从广东移植而来，观察上海附近的老式住宅可知这种高两层、底层直接向街道开门、两层木板墙的建筑在清代江南市镇很常见，如朱家角民居。这种民居，若底层开店则是木板门，若不开店便抹灰开木门木

---

[1] 黄金玉，宋扬. 广式里弄建筑形态来源初探[J]. 上海城市规划，2007 (7).

[2] 如《上海近代建筑史稿》(陈从周、章明著，上海三联书店，1988年第1版)、《旧上海的房地产经营》(上海文史资料委员会编，上海人民出版社，1990年3月第1版)、《上海住宅建设志》(崔广录主编，上海社会科学院出版社，1998年第1版)、《上海近代城市建筑》(王绍周著，江苏科学技术出版社，1989年第1版)、《里弄建筑》(王绍周、陈志敏著，上海科学技术文献出版社，1987年第1版)、《里弄五题——对里弄居住形态的历史分析》(金可屋著，同济大学2002年硕士学位论文)中皆有相同论断。

窗；二层皆有小量出挑，外墙皆为木板墙，这些特点与广式里弄的南立面非常相似，唯一有差异的便是开间不同。因此可以推断广式房子其实并非来源于广东传统民居，而是来自老式石库门，二者区别为广式里弄相比于传统的老式石库门而言，少了前后两个天井。盖因当时城市建设用地极为紧张，杨浦、虹口一带多以中下层阶级工人为主，其住房需求量大且要求不高，故有此类改良式简易石库门出现，而广东籍贯工人的大量入住，是这类住宅命名的主要原因[1]。

（3）新式里弄民居

1919—1930年间，新式里弄民居在老式石库门住宅基础上发展起来，它是一种适应当时崇尚西方生活的富裕居民独住需求的住宅，亦为老式石库门住宅发展到花园里弄住宅的中间形式。在此类住宅中，开敞的绿化设施代替了封闭的天井，装饰上也由中国传统纹样变成了西式纹样，各种功能设备逐渐齐全。新式里弄住宅一般为行列式，总弄宽度达6米左右，因当时小汽车已经走入市民生活，有部分新式里弄专门设置了汽车车库。静安别墅是上海最大的一条新式里弄，总共有200幢之多。其他较典型的新式里弄还有愚园路1315弄的瑞兴坊、四川北路1953弄的永安里等。总体来说其建筑风格具有以下特点：

第一，总平面。新式里弄住宅呈南多北少分布状态，总体布局紧凑、节约用地、讲究经济效益，主要用房尽量朝南。总平面多为行列式，总弄宽度持续加大。

第二，单体平面。新式里弄住宅在平面开间上更多样化，以单

---

[1] 黄金玉，宋扬．广式里弄建筑形态来源初探[J]．上海城市规划,2007 (7).

开间联列居多数，趋向进深减浅，而开间加宽，大门入口一般位于一侧。其功能划分明确，有起居室、卧室、浴室、厨房等，其设备更加适应城市生活，体现出现代化居住的特点。

第三，结构。新里弄住宅多为砖木结构，做基础的材料一般采用三合土，部分采用钢筋混凝土、落地钢窗。住宅承重方式为墙体承重，采用机制砖和石灰砂浆建造。房屋层数多为三层，也有假三层或四层楼者。屋顶采用木屋架，结构上较前有所改进。

第四，材料与装饰。新式里弄装饰趋向简洁，去除了石库门中烦琐的装饰，山墙也逐渐欧化，西式建筑手法体现增多。墙面多用机制红砖，每家入口处的石库门被铁铸栅栏门取代。

上海里弄民居的开始和发展同租界的演变同步进行。早期石库门民居主要分布在黄浦江以西，西藏路以东，苏州河以南，老城厢以北，即目前黄浦区的中心部分。接着建造区域向西、北、南三个方向扩展，首先填补了黄浦区的空隙部分，再向苏州河北岸的虹口区、成都路以西的静安区、延安东路以南的卢湾区推进。随着区域的扩展，建造形式也从早期石库门转变为后期石库门；规模也由二三十个单元扩大到一两百个单元。同时因工业发展需要，在黄浦、普陀两区也出现了不少后期石库门和广式石库门。自19世纪80年代起，旧式里弄房屋也在静安区内向东向西陆续兴建，1885年建造的老修德里，是境内最早的石库门旧式里弄住宅。此外如顺德里、森德里、同善里、祥福里等旧里均建于1900年以前。随着1899年境内东部70%以上土地划入公共租界范围，静安区迅速步入近代城市化进程。1914年时建成上海规模最大的旧式里弄"斯文里"。至20世纪二三十年代，区内出现各类建筑发展的高峰，根据建筑执照申请登记，境内现存建筑的三分之二即为这一时期建造。此外，还有一小部分后期石库门里弄渗入至徐汇、长宁二区。这样，在大体上形成了一个以黄浦区为中心的早期石库门里弄居民区和环绕在北、西、南三面的后期石库门里弄居民区。

南市与闸北不属于租界范围，向由国人自管。南市原为上海县城，在租界出现以前，城厢房屋与道路早具规模，因而新建不多。城外东南部分濒临黄浦江，往来船舶甚多，贸易旺盛，开埠后更加热闹。由于受到租界兴建里弄民居的影响，也发展了一些早期石库门里弄民居，如豆市街、吉祥路的敦仁里、棉阳里等就是这个时期建造

建于1931年的虹口区常乐里

的。1913年拆除城墙后，建成了民国路（现称人民路）；次年又建成了中华路，形成的环城马路，沟通了城墙内外。此时上海里弄民居已发展到后期石库门建筑阶段，因此在马路两旁及内外空地上，建造了一些后期石库门住宅，总的来说，数量不多，也比较分散。闸北在苏州河北侧，开埠以前，当时的老闸与新闸（即福建北路与大统路）之间已有集市，苏州河通行小火轮后，得到进一步发展。1860年，在原宝山县地界上，外来定居人口逐渐稠

密,此地便称为"闸北"。1898年的淞沪铁路通车与1909年的沪宁铁路通车,车站都在闸北,称"北站"。铁路的通车加快了此地区的发展,公共马路交通与市政设施也日益便捷,因此大约此时后期在闸北地区也建造了不少石库门里弄民居,然多毁于"一·二八"和"八一三"战火,目前仅有少部分存在。

新式里弄住宅伴随着第一次世界大战的结束而兴起,主要分布于今虹口、静安和卢湾三区。当时这三个区的人口密度和土地价格都低于中心地区,且闹中取静,环境干扰甚少,颇适宜社会中上层人士居住,新式里弄民居由此应运而生。虹口区本身是从苏州河北岸和大名路西侧逐步向北、西推移而形成,因此该区东部、南部的里弄民居较为陈旧,往西、北方向的较为新颖,质量也较好。静安也是新式里弄的又一集合地。据统计,静安区1900年人口约为3万,至1920年增加为15万,1934年时已达34万,人口的增加使得房屋需求量不断上升,除了早期旧式里弄房屋的大量兴建以

武汉石库门洞庭村　赵李娜/摄

外，适应中上层经济水平的新式里弄住宅也在迅速发展，如天乐坊、美丽园、静安别墅、三义坊、福明村、修德新村等，其中静安别墅是当时上海最大的一条新式里弄。该地曾是潮州会馆的墓地，并有马厩，为英国人的养马场所。1926年建造房屋，1932年竣工，因地处静安寺路（今南京西路），故名静安别墅。

当这三个区域逐渐繁荣热闹时，新式里弄民居又往西推进，转入今徐汇、长宁两区。其他几区除了闸北无一处新式里弄外，均有少量建造。

另需说明的是，石库门这种历史建筑，不是上海独有，近代很多通商口岸，如武汉、南京、宁波、青岛、天津等地皆有，只不过上海的规模较大，占地较广，居住人口较多。

小知识◎小刀会起义

小刀会为道光二十九年（1849年）成立于福建厦门的民间秘密团体，其来源可分为天地会支派与白莲教支派两种。1851年传至上海的小刀会属于天地会支派。1852年以降，现上海境内的秘密团体在太平天国和福建小刀会的影响下，逐渐联合起来，终于在1853年起事，推举天地会广东帮刘丽川为首领，建立政权，并以太平天国为号召。上海小刀会一共坚持17个月之久，于1855年初被扑灭。

2 石库门建筑特色

首先,从外部布局上来说,上海石库门是江南传统街道巷弄与欧洲近代联排住宅形式之有机结合。

石库门既以里弄为住区称谓,这当中自然隐含有中国之久远住居传统。先从"里弄"说起,这一词在江南方言中有"胡同、巷子"之义。两字本各有含义。

"里"在我国历史悠久,源远流长,主要含义是指国家统治最基层行政单位,如"里长""里正""乡里",同时亦有长度度量之义,如"万里长城"者是也。"里"在先秦时已开始出现,有居民居住单位之含义,在中央集权制度逐渐形成并加强之后,此字同时具备"基层行政管理"与"居住形式"之双重含义。及至隋唐时期,"里坊制"仍是以坊门、坊墙等形式控制管理城市居民人身自由及商业活动的一种行政手段,是一种半封闭状态群体居住形式之呈现。至宋时,"里坊制"由于过于严格,已不适合当时生产力发展及民众经济活动等的自由需求,因此制度逐渐崩坏,代之以全新的居住商业及基层管理模式形式,即"坊巷制"。元代仍承此制,大多居民以"坊"

为单位聚居其内，虽然坊门仍存，但主要是为了题写坊名便于辨认的，围墙自然不存。然此时"坊"仍承前代"里"之基层管理功能，大都之坊隶属于左右警巡院，便于统治者控制管理民众生活。明永乐中乃划北京为五城，领四十坊，仍为居民管理单位。然而，在中国古代乡村，"里"之名与实自三代草创至清代民国时期延续数千年，以"乡里制度"之形式常存于华夏乡土，成为"宗法性与行政性"之高度整合，集中反映着中国古代社会之特殊结构。总之，"里"在中国传统文化中承载了基层行政、住居形式与乡土桑梓等多重意象。

再看"弄"。其名常见于长江下游吴语地区街巷之名，闽语因与吴语相近，也多用此作为住居地名通名。又据学者考证，此字在南方尤其是广西方言和少数民族语言中亦使用较多，或为其源。无论如何，"弄"为南方地区表述"胡同""巷子"的一种名称，总体来说应该比传统"街"之规模略小一些[1]，其空间形式相对于"街"也显得私密性更强一点。

综上所述，"里弄"为中国传统居住景观之历史呈现，二者之名合用便有了居住布局、城市街道景观共存之双重含义。此亦为石库门里弄住宅"中式意味"之其一。

从另外一方面来说，石库门里弄之景观底色，亦是江南传统街巷空间形式之遗留。

由于江南特殊的水网纵横的自然地貌环境，其街巷形式多呈曲折狭窄之态。如上海老城厢在明清时的主要城市景观，一为河浜，其中之大者可以行船，小者则服务于居民生活；一为巷弄，主要供人行走，但若观察当时的老城厢地图，亦会在视觉上产生"过于错杂与曲

---

[1] 当然，现在长江下游有些城市如上海，其地街道名称多为"某某弄"即"街道号数 + 弄"的表述形式，此处之"弄"为固定地名通名用法，并非代表此"弄"为小规模街道之意。

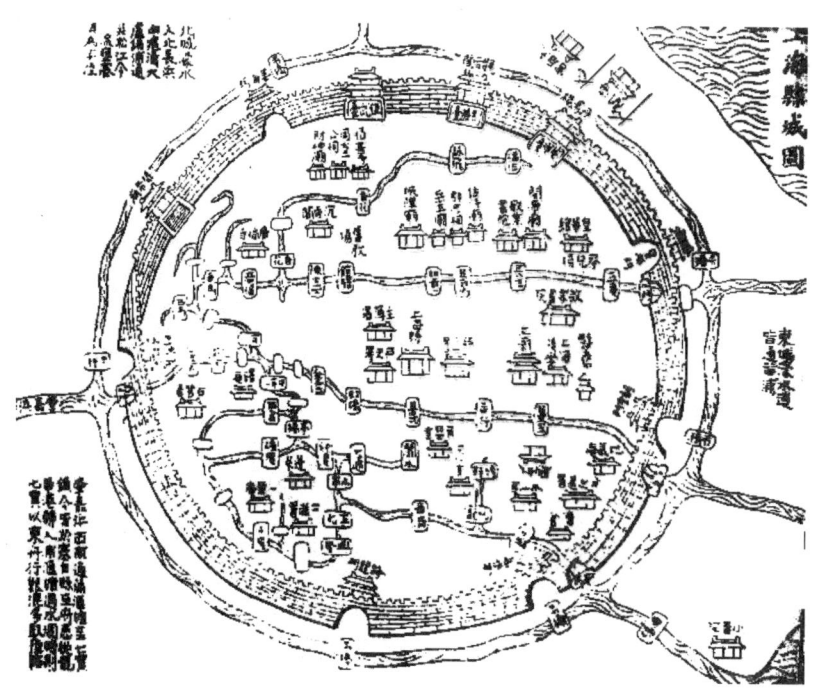

上海县全境图（清乾隆年间）

折，使人难以同纵横交织的河浜区分开来"[1]之感。据学者研究，当时上海地区不管是老城厢，还是周围的乡村地带，只要是有巷弄小路者，皆为因浜而成。也就是说，在江南城市的建立过程中，其河浜功能逐渐由服务于农业转向服务于城市居住生活，于是田地被垫高化为城市用地，浜与田之间的小路则随着人口的集聚，其交通功能渐趋强化，成为居民区内最初的巷弄。今天有些江南市镇依然还有"弄—浜—屋"式的景观组合形式存在，主要河道仍存，就是类似于传统时

---

[1] 吴俊范.上海老城厢：一个江南城市的景观演变史及其动力机制[J].中国历史地理论丛,2008(1).

代的上海老城厢景观。因此，上海近代城市景观中住居之巷弄如此狭窄曲折，皆由"因河成路""填浜筑路"之人居空间改造形式而来，这种居住空间形式亦是上海石库门住宅里弄形式之"中式基底"，故此住宅形式呈现出"街—弄—屋"此类渐次私密的居住形态。

然而，单体石库门住宅之布局排列方式，毕竟与开埠前上海老城厢中大户大宅那种相对来说比较宽阔的占地建筑形式不同，而呈现出所谓的"联排式"布置方式。所谓"联排式"住居布局方式，在中国古代商铺住宅中并不鲜见，但仍表现出近代西方工业社会集约化生活之"现代化"意味，此即为石库门住宅之"西"式所在。

"联排式住宅"，世人皆谓出自西方之欧洲。诚然从距今三千年的古埃及卡宏城建造金字塔士兵们的联排式兵营宿舍算起，这种住居形式确实称得上是孕育于西方文化沃土之中。然而，近代以来城市里所谓的"联排式住宅"，一般来说其形式皆直接来自于18世纪工业革命时期的英国，通常是指两到三层的住宅，侧墙一般与另一幢相似住宅相连。联排式住宅在英国称为Terrace House，在美国叫作Row House，在英语世界里也有以Townhouse来称谓的，总之意义较为一致。现存可见最早的Townhouse住宅实例位于法国东部勃艮第地区查鲁尼四月街12号，此处建筑大部分虽已不存，但仍可见联排之楼居形式。

从本质上来说，联排住宅之形式在城市中的出现自然与商业经济活动密不可分，中西莫不如是。古希腊与罗马的住宅大多沿街而建，面向街道的一侧底层为店铺，二楼或后院供主人居住。无独有偶，我国宋朝时期里坊制解体之后，城市商业活动进一步繁荣，在繁华街道两侧亦出现了前店后宅的传统联列楼层形式，此种景象在传世名作《清明上河图》的描画中清晰可见。因此，联排式并非西方所独有，而石库门住宅之"西",恐怕是西方城市规划之整齐的意思。

从建筑形式与内部结构来说,石库门脱胎于传统四合院,其基本建筑单体为中国式,但内部设施、布置、装饰等同时兼具中西文化审美情趣。

石库门之建筑构成元素,一般有过街楼、天井、晒台、前楼、门头、客堂、厢房、亭子间、灶披间、外墙、山墙、阳台、老虎窗和其他门窗等,不论是中国原生传统建筑元素如天井、前楼、客堂、厢房、灶披间等,还是西方建筑独有的老虎窗、阳台等,抑或是中西方皆有的外墙、门窗等,有的属于中式西化,有的属于西式中化,有的建筑部分本身是西式之体,却以中式花纹雕琢,亦有中西元素兼具之处,其间又有中西样式的共同摆放,呈现出中西合璧之生活情态。

屋里厢石库门博物馆中的堂屋(上海市黄浦区太仓路181弄新天地北里25号) 余子祥/摄

3　上海近代都市民俗之源

提及石库门，世人皆知其在上海文化中的重要地位，如有学者评价道："石库门的里弄建筑作为近代上海住宅的一种类型，量大面广，堪称上海地方特色住宅的标志，理解'上海文化'，必得了解上海的石库门和弄堂；要谈'海派文化'，上海石库门和弄堂较之外滩的高楼、公寓花园的历史，更具典型性。"[1]类似的判断与评价很多，不胜枚举。总之，"石库门作为上海文化的标志之一"此类观点已得到学界公认。然而，如何对这种建筑文化进行更进一步的细致定位与判断呢？除却建筑形式而言，其间生活生产的居民们又呈现何种样态之文化生活？

实则作为近代上海城区内分布最广、体量最大、居民最多的一种民居形式，石库门于上海之意义，不仅只是建筑形式，更重要的是自上海开埠以来，这种民居从初兴、萌芽、发展乃至渐趋衰落之嬗变过程，正可谓一部上海近现代民间生活史长卷。石库门首先是一种民

---

[1] 邹振环.近代上海的石库门与江南民居文化[M]//邹振环,黄敬斌.复旦史学集刊·明清以来江南城市发展与文化交流.上海.复旦大学出版社,2011.

居，其栖息功能为最大，但又不拘于此，大量移民生于斯长于斯，共同生活，共计生产，共谋生存，五方杂处之各地域各类居民共同聚集，将各自家乡原生民俗带来此处相互融合，逐渐形成了具有上海文化肌理性质之近代都市民俗。因此从这个意义上来说，笔者认为石库门作为近代上海都市民俗之重要生成场所，可称得上是"近代上海都市民俗之源"。

在此我们有必要对"近代上海都市民俗"这个命题做进一步的解释。熟悉上海史之人皆知，此地之所以成为"都市"，是在近代以后的事情。作为宋代才有镇级建置、元代方始建县的一个区域行政单位，"上海"这个地名作为都市专名的完全彰显真正始自1843年。开埠以降，租界的繁荣与人口的激增，使得上海拥有"远东第一大都市"之美誉，在此之前的上海是一个被广大乡村包围的小县城。只有今老城厢之内才可以称得上是"上海城"，这是一个周长7公里余、面积200余公顷大小的狭小区域，虽早在明代就有人记载"自吾海邑言之：吾邑僻处海滨，四方之舟车不一经其地，谚号为小苏州。游贾之仰给于邑中者无虑数十万人"，但根据学者的考据与推论，虽然明清时期上海确实有相当数量的外来商人从事着商业贸易活动，但当时城厢不可能聚集数十万外来商贾，上海县城内开埠前人口"即使是大胆的估计，也只能是在10万人左右"[1]。此时期处于上海民俗向着都市化方向发展演化过程的第一阶段，即"在上海建县以后至开埠以前的一段时期。此时期的上海民俗逐渐从乡村民俗的形态中突破出来，产生了某些具有新型意义的城市民俗因素"。总之，开埠以前的上海，虽然有了县级建制，有了与乡村民俗不同的城市民俗，但只有在

---

[1] 何益忠.从中心到边缘：上海老城厢研究(1843—1914)[D].复旦大学博士论文.2006:21.

开埠以后经过都市化、现代化的洗礼与变迁才能达到真正的"都市民俗"阶段。

再者,上海都市民俗的主体——"上海人",这一社会区域群体亦是在1843年以来渐趋形成,直至20世纪初年才获得身份认同的,而这一认同生成之历史过程与石库门在上海的发展与变迁生活的密不可分,石库门给了"上海人"凝聚的机会与生活场所。

虽然时至今日,上海人作为一个具有明显文化特征的社会群体,与北京人、广东人、湖南人、四川人、山东人等并提,但"上海人"这个群体形成自身文化特征的历史远不及广东人、湖南人、山东人等地域社会群体那样悠久,正式形成也仅有百年时间。开埠以前,在今上海地区境内,有两类看似具有"身份认同潜力"的地域群体:一类是生活在县城内的居民,这类居民人数不超过10万人,其成分除了县城建制所需的一些官吏及其属员之外,还有一些世家大族在此居住,同时一些商人游贾往来其间,此类人自称"上海人"者较少,可以说城市民俗的主体——市民阶层并不是很多,甚至并未形成。还有一类是生活在周围乡村的农业人口,他们也没有自己是"上海人"的概念身份认同。经过上述分析可以判定,此时文化意义上的"上海人"并未形成。真正具有主体认同的"上海人"概念是在开埠之后移民频繁、人口激增、五方杂处、多元融合之进程下才形成的。开埠以前上海虽然有原住民,但是开埠

韩起澜《苏北人在上海,1850—1980》

后的数次移民,人口激增,很快地移民人口超过了本地人口——1900年上海总人口超过100万,1915年超过200万,1930年超过300万,1947年超过400万,及至1949年初竟达546万。短短一百年中,上海从一个普通县城,一跃而成全国第一大都市。如此巨大的人口增幅除了自然生育人口的增加以外,主要是移民的"新鲜血液"补充,他们主要来自江苏、浙江、安徽、福建、广东、山东等18个省区,其中以苏、浙、皖、粤为多。开始时这些移民还以原生地域为主要方式进行聚居,如广东人多在虹口一带聚居,而江苏苏北地区来客主要居住在虹口、黄浦、闸北、长宁、普陀等地,其间更有家乡商会、会馆、同乡会等民间社会组织支撑来沪同籍贯移民生存困难所需。据上海史研究学者熊月之先生估计,至20世纪初年上海地区在经历了"上海地方自治运动""地方官员表彰外来移民"等一系列社会事件之后,"上海人"的群体认同意识开始形成,具有文化意义的"上海人"概念亦开始出现。这不仅表现在客居上海的知识分子在公共媒体上以"吾上海人"自称,还表现在当时出版的诸如《上海名人像传》等地方志味道十足的"海上闻人"一类传记中大量收录非沪本地籍贯人士。究其原因,主要是自开埠至20世纪初,经历半个世纪的时间,各地移民在上海华界与租界同风雨、共患难,最初各操家乡方言,过着群体聚居的生活,后来因城市流动性与交流性加大,各地人士开始了杂居生活,共同使用新型方言"上海话",他们事业相交,繁衍生息,逐渐完成了"上海人"族群意识的形成过程,这一历史过程更是地缘群体经过有机整合的认同过程。

而这样的历史进程,大多是依托"石库门"这一普遍而典型的民居场所得以完成的。因为从数量上来说,在石库门居住的不只是当时的市民阶层,大多数"上海人"都栖居于此。在20世纪40年代,"上海大约有9240条弄堂，20万幢石库门房子，占了当时民居四分之三以上"[1]。直到50年代，上海88%的居民住在石库门房子里；至90年代中期，石库门还容纳了超过一半的上海人[2]……从这一系列的统计资料数据上来看，石库门比起外滩大楼和单体花园洋房别墅，更能代表近代以来上海人的主要生活起居场所，这样的评价和判断应不为过。

那么，石库门里的"上海人"们是如何创造出"上海都市民俗"的？对于上海民俗的特征，学界普遍认为近代时期的上海民俗与其他地区的民俗文化有了较多的接触与融合，呈现了一种兼容、开放性较强的都市型民俗文化特征；具体说来，学者多用兼容并蓄、趋新善变（趋时务新）、崇尚洋派、精明求实等词语来概括及描述上海都市民俗特征。而我们知道，这样话语评价下的上海民俗，与开埠前上海地区传统民俗相比还是具有较大差异的。笔者认为，除了上海开埠、租界建立、西方文明及异质文化进入等一系列明显的背景之外，石库门这样的文化空间场所对上海近代都市民俗之生成与发展具有关键影响。兼容并蓄、趋新善变、崇尚洋派、精明求实……这些特征都与石库门这种民俗文化场所中多元复杂的居民成分有关。正是因为各地移民居于半封闭半开放之空间与小小屋舍，共同融合，才形成兼容并蓄等特质的上海都市民俗。

具体来看，不论是衣食住行等日常生活习俗，还是充盈于其间的商贸贩卖习俗，抑或是弄内居民的日常消遣娱乐民俗，皆可体现如上文所述上海民俗之特征。例如石库门居民的日常饮食，首先体现其原生家乡的饮食风俗，可谓是"兼容并蓄"，但由于居于其中的大都为

---

[1] 郑时龄. 石库门，上海的历史记忆 [M] // 陈海汶. 上海石库门. 上海：上海人民美术出版社，2011.

[2] 许绍霆. 石库门前 [M]. 上海：上海文化出版社，2005年:6.

城市中下层市民群体，生活中需要精打细算、量入为出，因此总体来说居民饮食习俗表现出精明实惠之特征。再如日常游艺习俗，亦由于各地移民成分之复杂与多元，娱乐种类亦呈多元之态：成年人可以孵茶馆或听说书，也可以逛各种种类的戏院、电影院或游乐场，还可以进行较为私密的打麻将、听广播、看书报等个体娱乐活动，总之石库门居民的游乐习俗在兼容并包之外，主要呈现出传统与现代结合的雅俗共赏特质。五方杂处的各地移民在石库门的生产生活中，"上海人"市民群体形成之际，也正是"近代上海都市民俗"生成之时。

二 海纳百川：衣食住行习俗

石库门民居是上海近代社会变迁下中西建筑形式理念之融合，居住于其中的里弄人家由于中国近代社会的变动而形成五方杂处、成分多元的居民状况。清末民初以来，上海社会西风东渐、西俗东渐，在地域风习变迁之浸染下，石库门居民的衣食住行皆形成了特有的海派物质生活民俗。

1 寻常百姓讲究衣

> 栀子花,朵朵开,大场朝南到上海,上海朝南到外滩。缫丝阿姐好打扮,刘海发,短袖衫,粉红裤子肉色袜,蝴蝶鞋子一双蓝,左手带着金戒指,右手提着小饭篮。船上人问大姐"啥点菜"。"无啥菜,油煎豆腐汤淘饭"。

这首民歌反映了民国时期上海人的物质生活,其中最为传神的便是对其中"缫丝阿姐"的服饰打扮描写。众所周知,上海近代以降以"时尚"闻名于全国,这与上海近代以来的纺织中心地位有关,自然也是由开埠以来此地的历史社会背景决定的。开埠以前,此地民风淳朴,虽为东南商业巨镇,然传统文化习俗仍存余韵,士农工商身份井然,条条有序。开埠后,随着大量外国资本和人士的涌入,此地渐染西风,且产生了我国近代时期比较典型的市民阶层,生活习俗方面也完成着由传统古老乡村习俗到现代化都市民俗的转变。在此转变过程中,变化最快、影响最大的当属服饰。有人嘲笑上海人"不怕家里起火,只怕身上跌跤",这说明近代沪人注重服饰打扮之盛。总体来说,当时上海的衣饰风俗有变迁快(时尚)、消费高、制作精等特点。

首先,自开埠以来,上海人对传统服饰进行了大胆的改革,不仅利用外来的各种服装面料,而且勇敢地采用西洋的缝纫方法、服装款式,以至产生了一次强烈的服饰革命。上海人在改变服饰的装饰上下功夫,有很多服饰成为近代中西合璧之典范。此外,由于处于近代中国商业资本中心的大环境之中,使得当地的服饰习俗也不免带有商业社会"夸耀性消费"之特征。19世纪末的《申报》已经开始对此进行披露和关注:"今观于沪上之人……无论其为官为商为士为民,但得稍有盈余,即莫不竞以衣服炫耀为务,即下至倡优隶卒。就其外貌观之,俨然旺族之家。"

再者,由于其地所处东南吴越地区之文脉基底,使得上海近代服饰在大胆改革、消费夸耀之下,呈现出制作精巧的服饰风格,有时竟不惜工本与工夫,这体现了上海人对于服饰的独特观念。这一点从清末妇女服饰装饰可见一斑:"妇女之衣裙先时以绸绉为之已觉甚华矣,今时则皆用密细贡缎而加以缘节,往往有所缘之物反贵于本身者。缘必三四寸,四寸阔边,其衣服仅露中心一块,缘上更加以挖花衬里,使成片绸缎剪碎雕镂而不知惜。"

民国时人曾经评价道:"上海人衣食住三者中,确是将衣放在第一位的,再怎样睡阁楼的朋友,冬天外出总有一件大衣披着的……"[1] 说明即使生活在石库门弄堂的朋友们,由于其身处的职场社会环境浸染,不免也成为上海衣饰"夸耀性消费"的一部分重要群体。

---

[1] 大风.显微镜下之上海[N].社会日报,1934-11-6.

对于在弄堂里生活的男士们来说，因为他们中很大一部分在公司从事业务，即使再穷，一套西装也是必备的。因此在20世纪30年代的上海，"到处可以看见穿着顶括括的西装……也许他们的漂亮时装，笔挺西装，或是公司里租来，或是朋友处借来……"[1]这自然一方面体现了近代上海人对于时尚的追求，另一方面也是上海市民势利人格的外在表现。

关于弄堂女性的衣着，作家王安忆在其著作《长恨歌》里有一个片段描写，最能说明问题：

> 王琦瑶是典型的待字闺中的女儿，那些洋行里的练习生，眼睛觑来觑去的，都是王琦瑶。在伏天晒霉的日子里，王琦瑶望着母亲的垫箱，就要憧憬自己的嫁妆的。照相馆橱窗里婚纱曳地的是出嫁的最后的王琦瑶。王琦瑶总是闭月羞花的，着阴丹士林蓝的旗袍，身影袅袅，漆黑的额发掩一双会说话的眼睛。王琦瑶是追随潮流的，不落伍也不超前，是成群结队的摩登。她们追随潮流是照本宣科，不发表个人见解，也不追究所以然，全盘信托的。上海的时装潮，是靠了王琦瑶她们才得以体现的。但她们无法给予推动，推动不是她们的任务。她们没有创造发明的才能，也没有独立自由的个性，但她们是勤恳老实，忠心耿耿，亦步亦趋的。她们无怨无艾地把时代精神披挂在身上，可说是这城市的宣言一样的。

这段话提到了民国时期上海最为知名的一类时尚服饰——旗袍，

---

[1] 孙西庚.瘦三何多[N].上海报,1933-11-5.

身着旗袍的宋氏三姐妹

正是在吸收中国传统民族服装精华与结合西洋服装特点基础上,共同创造出来的女子时尚产物。当时的《上海市场大观》中写道:"盘桓起伏于女子膝部与足部之间的那根旗袍高度线,不但配成音乐上一条最美的旋律,并且说明了二十余年来中国女子服装显著的变迁,跟了旗袍高度的起伏,袖高、边饰、领头、开叉都发生显著的变化,而头发的式样,面部的化妆,也随了时代的巨轮变幻不息。"

诚然,中国女子除了讲究衣饰以外,头发式样也是极受重视的。"沪江女子百无忧,午后妆成始下楼。罗鞋修袜皆可买,还教仆妇代梳头。"上海商业繁荣,四方商贾云集,人口杂处,因而除了传统产业及行业以外,服务业也大大兴盛起来。乡间贫穷女子时有为他人做仆妇者,分工越来越明确后,甚至出现了专门替人梳头的梳头佣,《竹枝词》中说她们"梳头佣,手段工,替人梳头真玲珑。又快又光又时路,梳好西家又梳东,中国妇女真懒惰,说起梳头暗叹苦,自家的头梳不光,枉生一双好手儿"。《上海风土杂记》中称这些梳头女子大都来自于苏州,"姑苏妇女最善梳髻。有盘龙、香蕉、胡蝶、苹果、玉桃诸名称。发光可鉴,手工绝佳,真是古人说的蜻蜓飞上玉搔头。今则风行剪发。而保留青丝者犹有其人。恒有一部分姑苏妇人专代人梳髻为生"。其实梳头业的兴盛也正反映了上海女子对于发型的重视,不论是上流社会的有钱阔太,还是一般阶级的弄堂人家,皆不例外。

这种风俗存续久远,在当代弄堂生活中仍有孑遗。从小在弄堂里生活过的叶穗女士曾撰文《石库门弄堂里的老太太们》回忆自己童年在石库门弄堂生活时的场景,其中描写了一位住在弄堂里的宁波老太太的梳头场景:

> 她总是把头发梳得精光,在脑后挽成个横S发髻,这好像是当时最时髦的发髻。梳头是她生活中的一大盛事。每次梳头,都有一个梳头娘姨上她家门,手中拿着一个包袱,那是她的工具箱。天冷,她们在二楼的窗口边,我就隔着两个天井的距离在我家的窗口前看;天热,她们在后门口摆开阵势,我就站在一边看。梳头的过程好像很长,也很复杂:先是打开她的发髻,虽说在当时人的眼里,她已是老太太了,但她的头发又黑又亮,还很长。梳头娘一边耐心地用篦子一下一下地把头发梳通,一边陪着她说话。梳得差不多了,就用一把牙刷蘸着一种香喷喷的刨花水涂抹头发,把头顶部分的发型搞定。这种刨花水据说是用上好的木材刨出来的,无色透明,有点黏稠,像胶水似的,很好闻,作用相当于今天的摩丝,五十年代弄堂里常有人上门推销给那些家庭妇女。然后就开始挽发髻,这显然是梳头中最关键的步骤,最有技术含量的部分。老太太要求很高,我常见那梳头娘姨拆了重新来过。等那个横放的S型的发髻服服帖帖地挽在脑后之后,她用一只黑色的线编织的发网把发髻罩住,再用很多发夹把

发网别住。最后，梳头娘姨拿出镜子对老太太左照右照，还不时小心翼翼地在她头上东抹点刨花水，西捋捋鬓发，直到头发锃亮，一丝不苟为止。[1]

---

[1] 叶穗.石库门弄堂里的老太太们[J].上海采风,2007(6).

2　弄堂人家精致肴

一直不承认自己是"京派"文人而又一直被公认为"京派"文人的沈从文,曾对他的朋友发表过他对上海的看法:"我过去不喜欢这个地方,现在还是不喜欢。"不喜欢的原因有多种,其中一种就是看不惯上海人的"吃"。为了吃,上海妇女凌晨五点就进小菜场买菜;为了吃,旧先施公司食品商店人满为患。他不无讥讽地指出上海人吃零食的习惯,说:"和苏州许多人一样,吃零碎!永远是什么采芝香,采芝春,采芝什么的忠实群众。""原来什么吃的都可以零包出售,所以一面走、一面看、一面吃的人就越来越多。这个大城市过去是现在仍旧是有百万计的人,都不怎么用脑子想生活以外的事情,而对吃穿却有浓厚兴致的。"[1]在沈从文看来,他是无法理解上海人"为一张嘴巴奔忙,何至于此"的。

上海在开埠以前,是典型的中国传统农业社会,饮食主要是为满足人们的日常生理需求及举行一些民俗活动,还处于较为单一之

---

[1]　沈从文.1957年4月30日,致张兆和//吴福辉.京海晚眺[M].南京:江苏人民出版社,1997:9—11.

状态:"中等人家常食之品,以菜蔬为正宗,鱼肉则惟阴历初二、十六、初八、廿三食之,谓之'当荤'","偶购时鲜食品,乡里必诧为奢侈",而"沪上酒肆,初仅苏馆、宁馆、徽馆三种"[1]。开埠以后上海人口激增,再加上几次战乱的影响,大量的、多地的人口拥向租界,移民们势必带来各地饮食风味,因此上海的饮食业逐步形成多元风味、八方荟萃的新局面,而最能代表上海市民生活的石库门弄堂人家的饮食生活,自然呈现丰富多彩之繁盛景象。

(1) 讲究实惠的正餐

> 王琦瑶事先买好一只鸡,切下鸡脯肉留着热炒,然后半只炖汤,半只白斩,再做一个盐水虾,剥几个皮蛋,红烧烤麸,算四个冷盆。热菜是鸡片,葱烤鲫鱼,芹菜豆腐干,蛏子炒蛋,老实本分,又清爽可口的菜,没有一点要盖过严家师母的意思;也没有一点怠慢的意思……菜上来,又温了半瓶黄酒,屋里变暖和起来,这两人都是赞不绝口的,每一个菜都像知道他们的心思,很熨贴,很细致,平淡中见真情,这样的菜是在家常与待客之间,既不见外又有礼貌,特别适合他们这样天天见的常客。

《长恨歌》中的此段描写体现了上海弄堂人家日常饮食的特点——讲究而不失实惠,就像小说中描述的那样:"严师母无限感慨地说,要说做人,最是体现在穿衣上的,它是做人的兴趣和精神,

---

[1] 胡祥翰.上海小志[M].上海:上海古籍出版社,1989.

是最要紧的。萨沙就问,那么吃呢?严师母摇了一下头,说,吃是做人的里子,虽也是重要,却不是像面子那样,支撑起全局,作宣言一般,让人信服与器重的。当然,里子有它实惠的一面,是做人做给自己看,可是假如完全不为别人看的做人,又有多少味道呢?"

上海开埠以来,各地移民五方杂处,各种菜系争奇斗艳,层出不穷,但还是逐渐形成了当地特有的一种菜系——本帮菜。这是一种实实在在的本地家常性质的风味菜式,又称上海乡土菜肴。它由上海本地和青浦、南汇等县城菜肴所组成,选料新鲜,多取用四季时令蔬菜,鱼虾以江浙两省为主;烹调方法以红烧、生煸、滑炒、清蒸为主,特别擅长制作四季河鲜菜肴,口味原来以浓汁原味为主,后来逐渐变为卤汁适中,清淡素雅,也有浓油赤酱,讲究鲜嫩,咸鲜适中;夏令精致菜肴则香味浓郁,颇有特色。本帮菜本身扎根于上海工农大众之中,一百多年之前由于真正意义上的"上海人"还未形成,这种

上海家常菜"草头圈子"

菜系亦处于萌芽状态。而今城隍庙上海老饭店之前身"荣顺馆",虽说早在同治年间就有了招牌,但也仅是三张八仙桌的店面,规模如同今天的大排档,当时也没有什么叫得响的招牌菜。而且彼时上海最早的繁华商业地区十六铺,从小东门到南京路皆多此类菜馆林立。为迎合在周围谋生的小商小贩及苦力从业者等,这些饭馆取用本地食材作为材料,烹调方法上以红烧、生煸、煎炸见长,其中菜色如"草头圈子""枫泾丁蹄""腌笃鲜""鸡骨酱"等,皆是从上海本地农村家常菜借鉴而来,自然是广受欢迎,此为上海本帮菜之先声与基底。虽然在民国时期,沪上工商业及港口贸易日趋繁荣,各地菜馆纷纷来沪而形成声势浩大的"海派菜系",然而由于顽强的地方植根性,本帮菜始终稳步发展,成为深受浦江居民欢迎的本土菜系。经过一代代本帮菜名厨的不断探索、钻研与创新,这种菜系由最初的大鱼大肉、农家风味,发展成刀工细腻、咸淡适口、原汁原味、营养适中、自成一格的饮食习俗,而上海弄堂人家的家常菜肴,也基本上与本帮菜的饮食风格大同小异,只是没有像饭店名厨那样大的排场罢了。

除了少数熬夜者如打麻将消闲之人或者作家们由消费宵夜来补充能量以外,大多弄堂人家基本上遵照一日三餐的饮食规矩,可总结为"早餐快,中餐简,晚餐好"。这种情况其实是由上海这座大都市所特有的生活习惯与工作制度所决定的。众所周知,上海都市生活之最大特点便是工作地点与居住地点的分离,这么大的城市空间势必造成较长的工作居住距离,在西方商业氛围下工作时间制度又以准时为主要特点,这就使得人们从早晨开始就进入准备上班通勤的日常生活之中,直到傍晚下班后才有较为放松的个人休闲时间,因此早餐和午餐时间较短,菜色也较为简单了。并且不同于传统农业社会的午餐为正餐,"吃夜饭"成为上海弄堂人家的真正正餐时间。

弄堂人家的早餐虽然匆忙,但也别有一番风味——泡饭、油条、大饼、粢饭、豆浆是清晨常食之物,其中后四样还拥有上海早餐"四大金刚"之美誉[1],但其实这四种都是要在外面早点摊上购买的,真正可以亲自制作的、也是最为家常的便捷早餐,便是泡饭了,这才

上海泡饭

是上海早餐的真正味道所在。泡饭这种食俗可以追溯至清末民初,至今已有百年历史。当时上海作为工业城市的劳动工作时间制度刚刚形成,工人们天不亮就要上班,早晨是没有闲暇时间吃乡土社会的传统早餐的,因此将隔夜米饭泡开水这种经济便捷的早餐制作方式应运而生。

吃泡饭时所配之菜,大致有油条、隔夜剩菜、自制小菜、腐乳、酱园酱菜之类,"不过种种酱菜之中,最好吃的还是自己家里做的,比如咸菜或雪里红炒毛豆子,雪里红的鲜味与毛豆子的干香在油锅里翻炒过后,配着泡饭分外令人有食欲"。还有一种泡饭小菜是"配了豆腐干丁、肉丁、笋丁和花生米一起在油锅里爆炒的,凉了以后依然美味,所以可以配泡饭当吃粥小菜"。总之"所有的买来的和自家做的酱菜一定都是要有甜味的,糖是令酱菜美味的一大要素,也是区别

---

[1] 徐华龙主编.上海风俗[M].上海:上海文艺出版社,2009:145.

于北方酱菜的分水岭，可口的酱菜是搭配泡饭的要素，就如同米饭一定要有炒菜一样……"[1]以上的引用皆出自一名叫作宇秀的移居海外人士之笔，从这位女士的叙述中可以看出，沪人的泡饭看似简单，但却精致。弄堂人家有时候晚上也吃它："晚上如果吃泡饭，那就不是酱菜了，多半是中午剩下的炒菜。记得小时候晚饭大多时候是吃米饭和新鲜的炒菜；泡饭则是夏天的时候，奶奶怕热，早早地把中午的剩饭煮成泡饭晾在那里，晚上就剩菜过冷泡饭"……如此详尽细致的描述，显示出上海人对"泡饭情结"魂牵梦绕，成为一种穿越时空的情感归依。

泡饭，如此简单便捷的一种食品，在沪人巧手巧思之下可以变换出无穷滋味，正显示了弄堂人家讲究实惠的饮食之道。就像在小说《"文革"轶事》中，作家这样表达她对于上海生活的认知和感受："这里的每一件事情都是那样富于情调、富于人性的涵义：一盘切成细丝的萝卜丝，再放上一撮葱的细末，浇上一勺热油，便有轻而热烈的声响啦啦地升起；即便是一块最粗俗的红腐乳，都要撒上白糖、滴上麻油；油条是剪在细瓷碗里，有调稀的花生酱作佐料。它把人生的日常生活雕琢到精妙的绝处，使它变成了一个艺术……上海的生活就是这样将人生、艺术、修养全部日常化、具体化，它笼罩了你，使你走不出去。"[2]

---

[1] 宇秀.泡饭的持久力[J].上海采风,2007(2).
[2] 王安忆."文革"轶事：王安忆中篇小说集（卷二）[M].上海：上海文艺出版社,2013.

(2) 丰盛多样的小吃

现代化都市是一个多元文化集中展示的地方，各个地方的民俗也都会集中展示在这个都市之中。上海的小吃四面来风，随外来人口的迁徙、汇合，构成了上海市井小吃的多个层面，也产生了多元的餐饮魅力。尽管西式餐饮日渐风行，但传统流动贩卖形式依然在坊间流行，小贩们走街串巷叫卖着维持他们生计的货品。《图画日报》

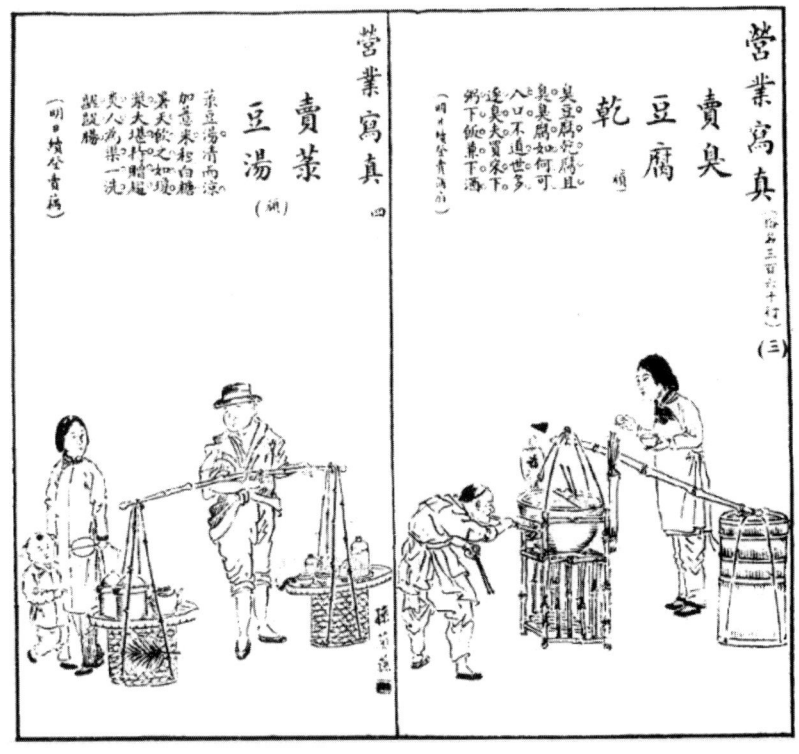

《图画日报·营业写真》中卖绿豆汤、臭豆腐干的画面

中《营业写真》栏目共介绍了456种小买卖,涉及食品方面的,主要是小吃和水果。其中,小吃主要有凉粉、臭豆腐干、豆腐花、馄饨、炒栗子、烀熟荸荠、春卷、小甑糕、黄藏赤豆糕等。在图画的旁边,画报的编者往往用一首《竹枝词》来描述小贩的售卖行为,借以表达作者对人心和世道乃至时局的看法。如《卖麻油》中写道:"厨房晓儿响当当,麻油担子过街坊。小瓶一个卖几两,以之入馔多清香。自古麻油拌青菜,只要个人心里爱。莫把卖麻油人看得不值钱,不见卖油郎独把花魁占。"[1]又如《卖稀饭》中写道:"热稀饭,糯米做。装木桶,生炭火。白糖有条随意包,清晨充饥香且糯。稀饭原是米饭做成,而今米贵如珠。小贩苦嗟,彼贩米出洋。黑心人抬高米价穷人饿。"[2]

在弄堂里,有两个时段是小吃的天下,一是早饭后的一段时间,这个时候弄堂人家该去上班的、上学的已经不在家里了,只留下家庭主妇或者老年人在家,摊贩小吃便成为日常正餐的有益补充。再者就是晚餐后的一段时间,也就是通常所说的宵夜时间。小吃在弄堂里的存在方式一般也有两种,一是固定摊点,二是移动摊点。而上海弄堂的小吃种类方式一般有糕点类、粥汤类和面食类等,皆根据沪人口味进行改造创新,风味诱人。

先说糕点类,在上海的小吃摊子里比较盛行的是扬州糕点、苏州点心和宁波糕团,自然还有本地的糕点。

从前上海的店铺门前,常常有"维扬细点"的招牌,一个"细"字深得扬州糕点之精华。一切食品到了扬州,就被改造成为带有艺术性的精致玩意儿,而同食品仅仅用于充饥的原始目的大相径庭。

---

[1] 卖麻油 [J]. 图画日报 ,(38):8.

[2] 卖稀饭 [J]. 图画日报 ,(40):8.

以《随园食单》所述为例，书中记载的那些扬州小食品，无不小巧玲珑，独具匠心。如扬州的小馒头、小馄饨，"作馒头如胡桃大，就蒸笼食之，每箸可夹一双，扬州物也。扬州发酵最佳，手捻之不盈半寸，放松仍隆然而高。小馄饨小如龙眼，用鸡汤下之"。这些细点对上海小吃的影响甚为深远，因此上海的扬州馆子比北京、南京更多。晚清朱文炳有《海上竹枝词》云："扬州馆子九华楼，楼上房间各自由。只有锅巴汤最好，侵晨饺面也兼优。"这"九华楼"便是当时上海一家老扬州馆子。郑逸梅《拈花微笑录》谈到旧上海有一处小花园，"小花园的尽头，设有两家扬州馆，一家名大吉春，一家名半仙居，盘樽清洁，座位雅致，到此小酌，扑去俗尘"。

苏州风味的点心在上海市民中也有一定的消费市场。如各色萝卜丝酥饼、三丝眉毛酥、桂花拉糕等都是苏式点心的经典作品，然而这种点心由于制作精致大都在闹市茶楼与点心店中经营，如于明嘉靖年间开业的上海点心店"绿波廊"，设于上海老城隍庙九曲桥畔，原名"乐圃阆茶楼"。1978年改为餐厅，以经营上海及苏州风味菜点为特色，主要名点有各色萝卜丝酥饼。著名的苏式小吃如三丝眉毛酥，是绿波廊沿袭至今的招牌点心。这款上海老点心形似一道弯弯的老寿星的眉毛，眉毛酥面皮层次清晰，号称有近百层之多，里面的"三丝"是由笋丝、香菇丝和肉丝组成。绿波廊的桂花拉糕是另外一道名气很大的点心。汤包这道源自苏州的点心，到了上海竟改良为"鱼翅汤包"，馅是用鱼翅、蟹粉、少量皮冻以及一些琼脂做成的。从苏州来的酥饼成了上海的五仁梅花酥，粢毛团被改制成精细的冬菜粢毛团。苏州面点有蟹粉小笼、炸春卷、虾仁烧卖、龙眼田螺等，同样使人难以忘怀。其中蟹壳黄、擂沙圆、生煎馒头等是街头摊贩小吃中的常见之食。

位于上海黄浦区豫园九曲桥旁的名店"绿波廊"

"蟹壳黄"是发酵面加油酥制成皮加馅的酥饼。饼色形状酷似煮熟的蟹壳,成品呈蟹黄色,吃起来酥、松、香。早期上海所有茶楼、老虎灶的店面处,大都设有一个立式烘缸和一个平底煎盘炉,边做边卖两件小点心——蟹壳黄和生煎馒头。"生煎馒头"也是小吃里面较受欢迎的一种。说是馒头,其实是里面有馅的包子,但是上海人的惯用叫法为"馒头",故有此名。这种包子的制作方式为放在扁平锅中先放油煎,后加水蒸,这样出锅时,底部焦得黄脆,而上面又香又软,吃起来别有风味。这种油煎包子在20世纪30年代开始风靡上海滩,当时吃客都是些卖苦力的劳动人民,包子因香脆便捷深得市民青睐。此后40年代开始,静安寺"王家沙"小吃店老板在自己的店中将这种大众化的点心加以改进推广，名头打响以后，商家蜂拥而上，出现了几十家生煎馒头小吃店，后又有人发明以咖喱牛肉汤搭配供应，两者相得益彰，更具海派风味。

粥汤类里比较有名的有绍兴鸡粥、本地甜粥和各种风味汤品。众所周知，上海外来移民以江浙闽等东南沿海省份为主，他们来上海生存发展的同时也带来了自己家乡的口味，并且使其更好地融入了海派菜系这个大家庭。绍兴鸡粥便是其中典型一例。鸡粥是我国自古已有的一种粥类食品，但一般用于食疗。明代医药学家李时珍在其著作《本草纲目》中说"鸡汁粥，并治劳损"，但如何制作已无从查考。上海的鸡粥始于20世纪20年代初。那时上海的吃食摊点日益增多，经营品种百花齐放。1940年代，从提篮沿街叫卖起步，卖鸡鸭下脚熟食的绍兴人章润牛，在"大世界"附近大东新旅社门口摆了一个鸡粥摊，专卖白斩鸡以及用鸡汤熬制的粥，从老板到伙计一色是绍兴人，用的是绍兴阉鸡，沪上名流乃至引车卖浆者趋之若鹜，以至传开个诨名"小绍兴鸡粥店"，而它注册的凤冠牌白斩鸡商标倒被忘得一干二净。那粳米鸡粥用的是原汁鸡汤，再配以鸡肉和各种佐料一起烧煮。吃粥时，装盘的熟鸡被切成条块，和葱姜末、鸡油一同上桌。鸡粥黄中带绿，黏韧滑溜，鲜香入味，鸡肉色白光亮，细嫩爽口。此后，小绍兴鸡粥店名扬上海乃至全国，上海的鸡粥摊贩也多假"小绍兴"为名。

"笃笃笃，卖糖粥，三斤核桃四斤壳……"从这首耳熟能详的上海民间儿歌可以看出"糖粥"在民众日常饮食生活中的重要地位。一般来说，弄堂里小摊贩经营的粥类主要以清淡为主，白粥、赤豆粥、糖粥藕等是颇适合上海人口味的几类清淡小粥。糖粥藕是一种用糯米熬成，吃时再加上几片糖藕的甜食粥类，是长江下游地区食俗之一。

骆驼担

在江浙沪地区,早年间糖粥藕由小贩挑着担子沿街叫卖。每天傍晚,很多弄堂人家都会听到"糖粥藕"有节奏的吆喝声。街坊四邻闻声而动,纷纷带着碗围拢过来,整个巷子迅速热闹起来。糖藕的具体做法是将藕节切开,把糯米用筷子灌入藕孔,再盖上藕节用竹针插牢,上锅加糖煮熟。上街叫卖时,也有两种吃法:以特制的黄铜刀切藕片沾糖吃,也可将糖粥浇到藕片上吃。后一种吃法更合乎上海人口味。糖粥做法其实也并不复杂,因此每到夏日有时候弄堂人家也会制作这一味作为时令小吃。

值得一提的是小贩们走街串巷时用的承载工具——糖粥担,这是一种在江南民间称为"骆驼担"的贩卖工具[1]。"笃笃笃"是梆子声,这是卖糖粥的一种叫卖方式。拿一段粗竹筒做的梆子绑在一个竹架子上,此架约一人高,上面有长方形竹匾模样的顶棚,四根长长的支架分两边落地叉开,整个架子俨然一座"过街楼",但一边的支架安装着一个有着多层竹抽屉的竹碗柜,另一边的支架上安放着一只小风炉,炉子上还有一只深深的木桶,如此种种,分明一间厨房的架势。两边担子中间可容一人活动,糖粥小贩就是在这里面肩抵一根横

---

[1] 贾杏年. 姑苏城里的骆驼担 [J]. 烹调知识, 2004(5).

档,将这过街楼似的"小厨房"扛起上街。由于扛起行走的样子有点像骆驼,因此江南特别是苏州一带又称其为"骆驼担"。此担用料或竹或木,有的还雕花抹漆,甚为考究,显示出中国民间之传统审美。骆驼担的出现,在弄堂人家不管男女老少眼里都甚为诱人。一有顾客,他们便会靠街边停下担子,如同在自家小厨一般忙碌起来。从碗柜里取出干净的小碗与调羹,再移开木桶的盖子舀出热气腾腾的粥。粥色洁白如玉,糯米特有的醇香早已熬煮融化,浓郁异常。这样的粥,一般是将仔细淘洗过的上好的糯米用稻草以文火缓缓熬制所成。所谓的"糖粥"之"糖"是在熬粥时就已加入,使白糖的甜味充分融入到糯粥之中。将白粥盛出大半碗之后,骆驼担的主人又拉开竹碗柜的一只抽屉,舀出一勺红艳艳的赤豆糊浇在粥面之上,大半碗糖粥顿时满满盈盈。这赤豆也深有来头,是用名唤"大红袍"的上品赤豆焐烂成泥沙状后筛取"细沙",再调入白糖熬制而成的蜜酱般的糊,这样便使此粥入口细腻鲜甜而不失浓郁。最后,还要再加入少许金黄色的用糖腌制过的桂花瓣撒在粥上,此时一碗色彩鲜嫩的"桂花赤豆粥"便制作完成:糯米、赤豆、糖、桂花同碗,白、红、黄相间,食材所交织出来的奇妙馥郁随着腾腾热气袭人而来,教人怎不心驰神往食之而后快!自然,骆驼担中售卖之粥也不独有"桂花赤豆粥"这一种,夏日里还应令供应用蚕豆焐成豆酥与糯米粥配伍的"豆酥糖粥"。溽暑难耐时,人们怕了炎炎赤日,渴求清淡之色和清淡之味,褐色的豆酥在色调上比赤豆粥显得淡约素雅,沙酥爽口的豆酥和着黏糯滋润的糯米粥,更别有一番淡雅风味。此外,骆驼担也不仅可以卖糖粥,将装粥的木桶换成锅子,将竹碗柜各层抽屉里的东西换成馄饨皮子、各式馅料和各味调料,还可以卖现包现煮的各种馄饨。有的骆驼担主人还能根据一天的营业需要,于早间晚间在糖粥和馄饨之间转换，可谓是灵活经营。

除了稻米熬制的粥类，风味汤类也是弄堂人家常食之小吃。如油豆腐线粉汤是上海人吃点心时最常见的汤。在吃生煎或是排骨年糕时，有一碗这样清爽的汤在边上，一顿饭才算圆满。油豆腐线粉汤里只有三个主角：油豆腐、粉丝和百叶包，看上去是清汤寡水，但吃起来却不含糊。再如海派风味小吃鸡鸭血汤。这道传统小吃原本为江苏名吃，早在20世纪20年代，城隍庙南门的一对无锡老年夫妇在当地售卖鸡鸭血汤。他们的血汤用料多样，有鸭肫、鸭汤、鸭肝、鸡心、冬笋和鸡汁等，经过精心熬制烹煮，汤端上桌，色彩丰富，清汤见底，再撒上胡椒粉、葱绿、蛋黄等调味小料，令人一试难忘，赞不绝口。此汤在上海便有了"全色鸡鸭血汤"之美名，同时亦风靡沪上，成为正餐之余小吃佐食之绝好伴侣，沪人最喜以生煎包子或者南翔小笼配此佐餐，不论在店铺还是摊贩莫不如是。

四季常食的面条在上海小吃中也占有一席之地。一是夏季旺销的冷面，其制法为将面条先蒸后煮，再用冷风吹凉，加调味拌食，面条硬韧滑爽，十分可口。二是四季流行的热拌面，以熬香的葱油和烧透的虾米，与煮熟的面条一起拌食。面条韧糯滑爽，虾米软而鲜美，葱油香气四溢。三是阳春面，又称光面，此面制法简单，在酱麻汤碗里盛上滚烫的面条，缀上碧绿的点点葱花即可。上海开埠以后，许多面馆对阳春面的汤加以改进，有用肉骨头熬制，也有增加鲜鱼同煮的，汤浓味鲜。沪上当时小有名气的馆子如"老半斋""四如春"等都是吃阳春面的绝佳处。徽菜馆中的面食也十分有名。旧时，徽馆兼营面食，随叫随送，比普通面馆来得高一筹。价廉物美的火鸡面、划水面、鲜汤虾仁锅，东西很地道。因此，徽菜馆的面食同样受到好评。

3 上海居，大不易

作为百年来一直存续于上海的时间最长、总体规模量最大、居住人数最多的民居形态，石库门承载了千百万近现代上海市民的生活起居、繁衍生息，也孕育了独特的居住民俗形态与日常生活风情，成为上海市民特征的重要组成部分。

(1) 住房紧张、拥挤紧凑的居住状态

人常说"上海居，大不易"。这个近现代以来一直都保持贸易繁荣的现代化港口城市，吸引着国内外众多移民前来发展生息，因此人口一直居高不下。在近代，特别是在战乱时期，往往是上海人口暴增之时。如1853年太平军进军上海期间，1937年日本发动大规模侵华战争和1946—1949年国共内战期间，上海城市人口都有突发性的大增加[1]。1949年上海人口达500万，20世纪60年代增至800万，人口的增

---

[1] 张仲礼. 近代上海城市研究[M]. 上海：上海人民出版社，1990:53.

长势必给城市住房带来紧张与拥挤。作为这个城市主要居住场所的石库门，只能以她并不算博大的体量和胸怀默默地承受着这一切。

1949年后，国家奉行先抓生产再抓生活的经济指导方针。因此上海的工厂改了不少，新造住房数量却相当有限，虽有工人新村为主的住房建造，但在当时倡导"英雄母亲"，人口激增，新建住房皆为杯水车薪。

石库门中的居住窘境长期存在——有人世代生活在这里，原先的一家三口，变成五口、六口；父子两代变成了祖孙三代；原先的一幢石库门中有四五户人家，随着岁月的增长变成了六七户，甚至更多。

全上海市的情况本来也不容乐观：1980年，上海还有91万户居民，人均居住面积不足4平方米，经过十年努力，人均4平方米以下的户数大为减少，但仍有32.7万户，占总户数的14.4%。更有甚者，这其中还有3万户人均面积还不到2.5平方米。据有关资料统计，直至20世纪80年代末，上海市区里三代同室或两对夫妻同室的住房困难户仍有十万户以上，30—39岁的大龄未婚青年为12.7万人。不用说，他们的炊事、卫生、寝宿条件都很差，试想在如此紧凑的生活环境中，不仅要居住休息，吃喝拉撒、休闲娱乐等亦要一室解决，这是何等辛苦之事！因此在石库门人家中，最常听到对自身居住环境的评价便是"拥挤"主题，如解放前在对工人生活状况的调查采访中，有烟草工人对自身住房条件的评价："住的房子表面还好，总是单幢的楼房或石库门房子，住平房的人很少，可是里面呢，单幢楼房起码要住上十家。比如租一个后堂屋，五元半钱一个月。在房子里感到最痛苦的是吵闹声，天热的时候还有臭虫蚊子。"还有的面粉业工人说："父母妻子共住一个亭子间、后楼或后客堂，夫妻儿女睡在一床，父母睡在隔邻小床或地板上。"《上海竹枝词》中为石库门的紧凑环境注解云：

"上海尺地寸金,值昂于内地者数倍莅。中下社会为节省赁资起见,往往合数加赁居一宅,甚至走廊灶庇亦有人满之患。经济则经济矣,然终日胼手砥足,局促万状。"[1]

如此紧凑的居住环境也经常出现在文艺作品里,从民国时期一直到20世纪90年代都有展现,如在1936年洪深编写的《新旧上海》影片中,曾经描写过两开间石库门房屋中诸多房客的众生相:楼上统厢房里住的是丝厂职员袁某夫妇,客堂楼上住的是两个舞女,亭子间内住的是司机唐某,阁楼上住的是小学教员,楼下统厢房住的是木器店跑街,而二房东则坐镇在后客堂把守关口,时时监督着房客们的一举一动。无独有偶,在反映同时期上海都市生活的电影《乌鸦与麻雀》中,也曾十分生动地描写了一些小官僚、报社校对、中学教员、摊贩等各种身份之人同住一幢石库门,

《新旧上海》剧照

《乌鸦与麻雀》剧照

---

[1] 刘豁公.上海竹枝词[M]//顾炳权.上海洋场竹枝词.上海:上海书店出版社,1996:254.

《股疯》海报

相互之间纠纷不断,常闹矛盾的情景。还记得20世纪90年代潘虹、刘青云主演的《股疯》中的片段吗?——在石库门一间房子中居住的潘虹一家,要吃晚餐了,可孩子还在屋子里用痰盂如厕,引来父母的嗔怪——艺术来源于生活,这真切地反映了上世纪石库门居住条件的尴尬与无奈。

(2) 精打细算、寸土必争的市民性格

如上文所述,如此小面积的居住条件引来的是居民的精打细算性格与"寸土必争"人格之显现。人们经常采用扩占之手段来谋求拓展空间的机会。所谓扩占,也就是扩大个人住房范围而侵占公用住房领域,这种行为在住房条件较差的石库门居民中普遍存在。比如厨房是各户人家常用之地和主要公共空间,它的面积自然也不大,老住户尚能占有一席之地,放个煤球炉之类的炊事设施来烧水做饭。但新住户就只能"望厨兴叹",在过道上生火做饭了。当然,这么小的居住空间里放这么多东西势必会引起邻里纠纷,在越来越紧张的氛围之下,争夺多为暗斗、文斗居多,明斗、武斗居少,顶多吵吵嚷嚷、推推搡搡,极少发生打架斗殴事件,这是由上海人的契约精神决定的。

上海本为传统农业社会自然经济下之中国古老城市,然自开埠以来,经过贸易繁荣的冲击和租界社会西方文明的浸润,使得当地民风中原本比较浓厚的儒家重义轻利精神逐渐被重利轻义及契约精神所取代。这种精神常被概括为"上海人办事比较守规矩讲信用",在居住习俗日常生活中的具体表现便是精打细算,既不沾别人的光,亦不吃亏。因此尽管住房拥挤紧凑,而造成生活矛盾不断,居住在弄堂里的居民大都秉承着日常生活之契约原则,并逐渐自觉衍生出来一种平衡的生活艺术。如本来一幢石库门内,各家各户合用一只电表、一只水表,费用均摊,但每家每户的消费必然有所不同,均摊势必影响公平性,于是乎索性分而治之,家家各安装自己的水、电表,即使在厨房间里亦用自家电灯照明,自家水龙头淘洗,每家皆自觉各用水电而心安理得,很少有"偷盗"别家水电的情况发生。再如,在这些"契约""理智"的生活氛围中,石库门居民也发明创造出不少生活居住"潜规则",如"自然延伸法则",即只要是自家门口旁边或自家火炉旁边,皆可视作自己领地之自然延伸而非客观上的公共区域,此处便可堆放自家杂物,当然你堆我放,势必使本来就不大的空间更加狭小,更显杂乱无章。另外,还有一条可称之为"先入为主法则"的,也就是说谁先来谁就占据这块地盘,这自然让老房客占了不少便宜。

以上这些潜规则虽然也可以说是上海人精打细算、契约精神之展现,但不免仍令人想起费孝通先生在其名著《乡土中国》中所提到的"差序格局"理论来。他说道:"一说是公家的,差不多就是说大家可以占一点便宜的意思,有权利而没有义务了。"[1]其实,从本质上来说,石库门本来也是"城市里的乡村"的居住方式,因此居住者同

---

[1] 费孝通.乡土中国·生育制度[M].北京:北京大学出版社,1998.

时具有城乡双重性格亦不足为奇。

(3) 善用空间、适者生存的人生态度

"螺蛳壳里做道场",是广为大众熟知的一句上海俗语。当年为了节省土地,多承载人口,上海人发明了石库门。而在渐次拥挤的石库门中生活的上海人,懂得了如何充分利用已有资源、因地制宜地进行日常生活,隔拦、搭建等居住习俗是石库门人家善用空间的具体表现,20世纪70年代以来,调房和装修也成为石库门居民适者生存的人生态度与哲学。

隔拦,是一种不破坏房屋原有结构的精细利用空间之法,也是上海石库门家庭最常用的改善居住的方式。他们有的用水泥、石灰将一间客堂一隔为二,上面装上一排玻璃长窗,借以通风采光;有的则用木料或夹板在厨房隔出一条通道,以供前方之人走路。倘若有两代甚至三代人同居一室的,在夜晚休息时则多用布帘或屏风为障隔开"两个卧室",白天又可恢复为一室而正常使用。自然还有的家庭用家具等物作为隔拦,创造出"几室一厅"的居住效果,以上种种都显示了石库门居民灵活运用空间的生活态度。

搭建则是一种创造更多空间的改善居住条件之法,俗称"搭搭放放",这样可能有损房屋结构而影响房屋使用。最先开始时是民国时期二房东的"发明"。当时一些靠转手租赁发财的二房东们经常将一间石库门房子楼上和楼下的客堂分隔成两部分,再在其上搭建阁楼,这样一间房间便增加四个阁楼,可多租给四户人家!此外,天井、晒台、楼梯间等辅助部位也成了二房东们"可资利用"的搭建之地。当然,这种搭建行为在1949年以后,由于集体管理的原因,在计划经济

时代被政府明令禁止,然而约在20世纪70年代后期,这种禁止开始慢慢成为一纸空文,大家开始悄悄地"搭搭放放":房间里开了上海人俗称为"老虎窗"的天窗,天井里搭建了披屋做厨房……以前被明令禁止的行为现在都被默认允许,石库门中居民都松了一口气,大家开始像比赛一样将聪明智慧和热情投入搭建房屋狂潮之中,这从当时搭建所必需的废旧木料的供应紧张可见一斑。

改革开放以来,随着生产力的提高和经济的发展,人们对于居室环境的要求日益增加,装修之风开始盛行,石库门中亦不例外。这些装修不只是简单地修修补补,更重要的是对房间布局的合理规划及对其中生活设施的高标准要求。一间不到十平方米的房间,经过精心的设计与装潢,打开房门经常让人拍掌叫绝——仿丹麦式家具与法国式灯饰突出异国情调,吧台亦豪华无比:金属骨架、不锈钢嵌条、玻璃台面、克罗米吧凳一应俱全,屋角隐藏的一套卫生设备令人惊奇。不仅如此,各种灯饰和部分电器还是自动化控制……以上种种,皆体现了石库门居民对生活的热爱和审美情趣的执着。

调房也体现了弄堂居民的灵活性和适者生存的性格。民国时期石库门中的房客只是租赁其屋居住,只有使用权,不存在所有权。要想解决居住困难问题,搬家是主要途径之一。20世纪70年代时期,尽管大家的住房条件都不好,但比较起来总归会有差别。有的人愿意放弃一些居住面积,换取一定的设施设备如卫生、煤气之类的,或者倒过来以设备求面积。有的想把两处小房间换成一处大的,还有的为了解决上下班路程较远的问题,宁愿放弃市区中心地段换取自己认为合适的住房。总之在各有所需的现实条件和渐为宽松的国家住房政策的社会环境之下,交换住房一时成为沪上较为热门的行为。起初,调房还在比较小的群体范围内进行,只是熟人介绍,个别成交。后来有调房需求的人越来越多,便形成了专门的调房市场。如有人统计在20世纪80年代末上海就有换房"自由市场"十多处,如徐汇区上海跳水池附近、虹口塘沽路、闸北河南北路、七浦路小花园、杨浦区宁国路桥堍、静安区威海路以及沪西地区的长宁、曹杨电影院附近等地,都有规模大小不等的换房"自由市场"。不论是白天还是晚上,这些区域总是聚集着一群群洽谈换房的居民,少则几十人,多则数百人。据当时在淡水路、太仓路一带的观察,"这里的墙壁、电线杆上贴满了调房小纸条,竟有几百张之多。有人在自己的自行车车架上挂起了调房广告。更引人注目的是路口有几排用长绳串着的、书写整齐且有编号的调房小广告,这些是专做调房生意的'经纪人'的摊位"[1]。可见当时已经出现了专门的经纪人和中介组织,俗称"调房红娘"。因为掌握大量的房产信息,为了提高调房的成功率,"调房红娘"们搞起了"串换":甲的房子给乙,乙的房子给丙,丙的房子再给甲……如此这般,大家皆大欢喜,皆得偿所愿。如此生存智慧,也只有在上海这样拥挤紧凑的生存居住条件下才能催发和生长。

---

[1] 华学彰. 换房"经纪人"浅析[J]. 上海企业,1989(12).

4　巷弄深处有人家

上海开埠以后，特别是进入20世纪以来，城市化进程加快、城市空间不断拓展，以社会分工为基础的现代城市日常活动节奏逐渐形成。为了完成各种城市经济与社会活动，市民在各个城市功能区之间的移动几率也大大增加，整个上海，市民几乎每天都处于距离较大的交通移动过程中，居住在弄堂里的市民自然也不例外——通勤、商务、探亲、访友、出游、休闲、娱乐等一系列行动，皆有可能使用到当时上海所有的各种新式老式交通工具。由于本研究对象弄堂人家居住地点的限制，他们的日常交通行为需要关注到两个方面：一是弄堂内部布局，对于其中居民出行交通的影响；二是弄堂人家出外常用的日常移动交通工具。这样才能对石库门居民的交通生活习俗有较为准确的认识与感知。

（1）弄内巷道交通

中国住宅布局形式从中古时期的里坊制到近古时期的街巷制，再到现代居住区，历经了从营建坊墙、坊门，到拆除坊墙、营造街巷，一直到现代修建围墙、围栏的过程，居住空间从某种意义上也由封闭到半封闭半开放又重归封闭之状态。在这一过程中近代出现的里弄住宅是其中之特殊类型。上海里弄住宅虽中西合璧，由欧洲联排住宅在江南传统巷弄布局之上嫁接产生，但其具体布局既有别于西方街区形式，也不同于正宗的中国传统合院建筑，而在总体上呈现出由较为公共开放的商业性大街逐渐过渡到半公共半私密的里弄，再到私密石库门住宅的渐变过程，这就使得里弄街道除了交通功能之外，还具有了交流与安全功用，此点乃是石库门交通习俗中最为重要之框架部分。

石库门里弄的主要交通道路为弄堂（里弄），根据布局规模及形制，有总弄与支弄之分。在行列式里弄中，每排侧面也就是外墙一侧常设总弄，分设支弄，构成基本的丁字形里弄骨架。随着用地的延伸发展，有十字形、廿字形、口字形、田字形等多种方式出现。

总弄是供人车往来之专道，一处里弄有的有一条总弄，有的有两条总弄，甚至有三四条的，位置一般在里弄中央或其他交通流量繁忙之处，其主要功能之一还有与大街联通之用。作为里弄的入口，它设有铁门或栅栏门，两旁有门柱、门楣以及各种装饰，上写弄名标志，以供出入者记认，有的还设有过街楼。

支弄则较总弄狭窄些，有的两端与两条总弄相接。支弄有时亦与街道相接；有的则为尽端胡同，仅有一端与街道或总弄衔接；少数支弄因地形或布局关系也有曲折转弯的，特别是比起总弄来说，支弄更兼具交通、交流与日常生活功用。因为大部分支弄居民为了保持客厅与餐室的安静整洁，常有后门进出之习惯。后门靠近厨房，厨房面积不大，许多家务通过后门移至支弄操作，左邻右舍皆是如此，因此支弄实际成为邻里交往、孩童游戏的户外公共活动空间，功能比总弄复杂。

里弄交通图。摘自《上海里弄民居》第25页

早期石库门里弄的路幅较宽，总弄一般在4米以上。支弄只求能通行人力车，一般在2.5米以上；后门相对的后弄，可压缩至1.5米。新式里弄民居时期，小汽车已经流行，质量较高的民居已配有车库，里弄路面宽度已按照机动车行驶要求，一般总弄在6米以上，支弄在3.5米以上[1]。

（2）移动交通工具

开埠后，由于租界兴盛、城区面积扩大、居民工作时间的紧张，更多交通工具包括较先进的西方移动交通工具被引入上海，马车、黄包车、脚踏车、三轮车、有轨电车、小汽车、小火车、渡轮等水陆交通工具为城内居民提供着多样的出行服务。由于职业身份、收入程

黄包车

---

[1] 沈华主编.上海里弄民居[M].北京：中国建筑工业出版社，1993:124.

度、居住环境、活动范围等方面因素的影响，弄堂居民一般选择黄包车（人力车）、脚踏车、有轨电车、小汽车等作为他们日常出行的移动工具，其中最为普遍的则是黄包车。

黄包车，又称"东洋车""人力车"，传说是一个美国海员为在日本养病的妻子提供便利出行而发明的，后来被日本人仿制为人力拉动、箱式篷布、铁质双轮、可乘两人之车，故其亦有"东洋车"之称。1870年前后有法国人买几十辆东洋车并雇佣日本侨民在上海租界内营业，后因言语不通生意清淡，改雇中国工人。不久，上海亦开设人力车行，或自买一辆营业，由于租界只许车厢漆成黄色，便改称"黄包车"。到19世纪末，此车在上海总数已达一万辆以上。而虽然开埠后的租界公共交通工具已渐普及，但至1937年，上海的人力车竟仍达10万辆以上。不少中产者如商人、医师、职员还自雇黄包车，车之豪华、宽敞，堪称马路街巷一景。从1874年第一辆人力车的引进，到1956年3月1日最后一辆被送进博物馆，人力车在上海街头奔驰长达83年之久。在此过程中，人力车作为上海城区的主要交通工具发挥着举足轻重的作用。人力车有着其他交通工具所没有的优势。

首先，人力车营运空间范围大，路线较为便捷灵活。虽然上海的交通工具从开埠以后一直朝着高速和缩短时空距离等方向发展，有轨电车、公交车、小汽车等各显其能，道路交通亦大力发展，但由于电车、汽车等对道路质量要求较高，因而即便在道路大发展的1927—1932年间，全上海能通行电车、汽车的路面也仅占全部道路的12.09%而已。人力车则由于车身狭小、对路面要求低而发挥出较大作用。"冷街僻巷，凡是公共交通不能直达的地方，人力车依旧是人们唯一的代步工具。尤其是下雨天，随处可以听见'黄包车，黄包车'的叫声"[1]。此外,"行小道、横路、弄堂、电车或公共汽车,均不能达,并且不能自发地直达目的地,所以黄包车与包车,遂为代步之必需品,而核其费用,且反比电车或公共汽车为合算"[2]。总之,对比"固定线路"和不能完全铺开至全市的大众化交通工具而言,人力车确有"一呼即到之便"。

再者,该车乘坐较为舒适、价格也适中,性价比较高。20世纪以来,黄包车进行了更为舒适的改良:车身放低,铁轮包橡胶带,后来又有充气胎代替,乘坐平稳舒适。有人描述道:"黄包车身随着车夫两脚的起落,有节拍地颠动着,使坐车的人觉得非常之舒服。两旁的房屋、绿树、男男女女的行人都缓缓地向后移动,如一张影片一般。加着下午和缓的微风吹拂在人的脸上,使受了一天辛劳的神经顿时松弛爽快。"[3] 又"从经济上看,汽车与马车不贵,电车虽较便宜,但不便装载钜重物品,其他如人力车更不足论,所以只有黄包车最为适宜"。且倘有乘客随身携带较大行李者,若是乘坐公共交通设备,上下车都不方便,而黄包车夫则一般都能提供暂时脚夫的服务,将行李短时间短距离搬上车搬进客人宅门,此种服务亦较为便利。

在《长恨歌》中有这样一段话:"王琦瑶的父亲多半是有些惧内,被收伏得很服贴,为王琦瑶树立女性尊严的榜样。上海早晨的有轨电车里,坐的都是王琦瑶的上班的父亲,下午街上的三轮车里,坐的则是王琦瑶的去剪旗袍料的母亲……"人力车是弄堂交通里必不可少的一类交通工具,有轨电车则是弄堂居民通勤和较远距离出行的必要选择。

[1] 李次山.上海劳动状况[J].新青年,第7卷(6).
[2] 朱懋澄.劳工新村运动[J].东方杂志,1935(1).
[3] 吴圳义.上海租界问题[M].台北:正中书局,1981.

1881年5月,世界上第一辆有轨电车在英国运营。1906年,英商上海电气建设公司取得公共租界电车的专营权,并开始电车路轨的建设工作。1908年3月5日,上海第一条有轨电车线路正式通车营业,路线从静安寺出发,经愚园路、赫德路(今常德路)、爱文义路(今北京路)、卡德路(今石门二路)、静安寺路(今南京西路)、南京路伸展到外滩上海总会(今广东路外滩),全程6.04公里。英商电车公司第一辆有轨电车投入运营两个月之后,法租界也开通自十六铺至武康路常熟路的1路有轨电车,随后又开通从十六铺开出通至善钟路(常熟路)的2路有轨电车,后又延伸至徐家汇[1]。至1908年底,沪上共开通8条有轨电车路线,当年共行驶166万公里,载客537万人次[2]。及至1946年,上海共有有轨电车共行路线12条,轨道网络几乎遍及全市,已迅速成为上海华洋市民出门之最快捷选择;同时当时上海电车的载客量也迅速超越欧美各大城市,长长辫子的有轨电车成为上海的一道风景线。据记载,电车在上海初运行之时,市民们误以为乘坐此车会触电,没人敢去乘坐。英商公司先是请了沪上一些西人和名人乘坐电车招摇过市,消除大家的顾虑;后来又雇佣了一批失业者去当专业乘客,同时又向乘客赠送花露水、牙粉、香皂等礼物,又起到了很好的广告效应。于是有轨电车生意逐渐好转。一开始电车的所有工作人员皆为西人,即使在乘坐等级上也有侮辱华人之嫌。1913年,陆伯鸿集资100万元成立"华商电车公司",开展有轨电车运营业务,至20世纪30年代华商电车公司开通有轨电车4条,总长达22.7公里,与英商和法商电车一起成为上海公共交通之有力组成部分。

有轨电车一般多用以通勤和城市中的较远距离出行。黄包车穿

---

[1] 黎霞.上海有轨电车史话[J].上海档案,2013(9).
[2] 王心.上海华商有轨电车诞生始末[J].交通与运输,2014(6).

行于马路街巷之间，为辎重出行或冷街僻巷提供便利。自行车则适合单人出行，也较为灵活，1868年初进入上海滩，民众还不太适应这种新式交通工具，只在少数富人、青年学生或者需要炫耀时髦的人群中骑行使用，多有表演成分。经过数十年普及与实践，自行车终于在清末民初成为上海大众交通之有力工具。由于这种交通工具提升人们的行动能力，扩展人们的生活空间，在上海人生活中起到越来越大的作用。至20世纪二三十年代，自行车不再是少数人的玩物或炫耀时髦品，而俨然成为上海中产阶级所拥有的既经济又便利之交通工具，从当时各大报纸遍布自行车广告语中可见一斑。如得力车行兜售的英产"海格力斯自行车"之广告语为"构造特殊、骑乘安全、风行全球、到处欢迎、用以代步、经济便利"，从中可见自行车作为"大众乐见之代步工具"之功用。当时不论是"洋学堂里上学的学生，洋行里上班的职员，当然也有送外卖的伙计、投递信件的邮差，总之，自行车已经在上海百姓的生活中不可或缺了"[1]，尤其是在上海的街巷里弄，自行车作为不需任何能源就可通行无阻的轻便交通工具，优势显露无遗。

---

[1] 徐涛. 自行车普及与近代上海社会 [J]. 史林, 2007(1).

三 熙熙攘攘：独特的里弄商贸活动

上海自宋元之时便开始其贸易港口之发展旅途。元至元十四年（1277年），中央王朝在此地设立市舶司，史载此时的上海"有榷场，有酒库，有军隘、官署、儒塾、佛官、仙馆，甿廛贾肆、鳞次而栉比，实华亭东北一巨镇也"[1]。商业的发达促进了大一级政区的建制，至元二十九年（1292年）上海县始设。自明清以来，上海这座港口城市素以棉纺织业及商贸繁荣驰名东南，史称："今

---

[1] 明弘治《上海县志》引元大德六年（1302年）三月唐时措《上海公署记》。

编户六百余里,殷实家率多在市,钱粮四十余万,四方辐辏,货物尤多。"[1]晚清开埠以来,沪地俨然国际化大都市气象,黄浦江上千帆船舶,贸易往来,熙熙攘攘,辐辏而至。除了大量的市面商业贸易,石库门里弄中的商业贸易也红红火火,成为弄堂居民日常生活的有益补充。

有学者指出:"现代城市建设造就了现代上海人及新的生活观念与整体的价值观。城市建设与公用事业的诞生与发展对于上海人来说不啻一次生活方式的革命,生活的时空完全被时空改变而赋予其新的意义。"[2]石库门造就了新的上海城市生活。其中出现的许多具有浓厚商贸文化特点的习俗行事,如叫卖、喊摊、广告、拍卖、茶会、掮客等,都是在新旧交替的社会背景下形成的商业习俗。这些商贸习俗行事中最能显现石库门商业习俗的有以下三类:第一,房东、房客与掮客等商业群体;第二,外铺内里的空间布局;第三,里弄里的流动摊贩。

---

[1] [清]应宝时.同治上海县志:卷二.城池.台北:台湾成文出版社有限公司影印本,152.

[2] 忻平.从上海发现历史——现代化进程中的上海人及其社会生活[M].上海:上海人民出版社,1996:398.

1 房东与捐客

我们首先应知近代上海房地产消费结构的最大特点是租房消费，而并非购房自住为主。形成这种情况的原因首先在于职业人口的流动性。作为一个移民城市，上海的人口流动十分巨大。这种流动性表现在：其一，进出上海的流动性。那时的商人、职员、自由职业者在城市间择业是十分平常的事，也有很多是家在农村而在城市就业的，对未来预期的不稳定，或缺乏在上海长期工作的打算，租房消费肯定优于购房自住消费。其二，即使不是进出上海，在上海不同地段工作也是一种流动，在公共交通尚不发达迅捷的条件下，选择离工作单位较近的住所就是很必要的了。一旦工作单位变化，住所也可能跟着变化。其三，租房消费为主的原因还在于房屋结构所决定的房价。当时的房型不像现在是独门独户的封闭性单元，往往是一幢幢的建筑，产权的设置也往往以幢为单位，要买下整幢的建筑，价格会很高，即便对于小富人家而言，亦是承担不起的。此时二房东制度应运而生：他们向房产业主租下整幢房子，自住一部分，将其余部分分割出租，收取租金[1]。总之，近代上海民居商品化趋向，使人们无不在房地产经营或租赁活动中充当某种角色，构成一种无所不在的特有而又复杂的网络。以里弄住宅而言，主要有四种人——靠投资房地产起家的业主（大房东）、靠转租食利的二房东、靠租房栖身的三房客，还有在这些交易发生充当中介人而获利的捐客（经纪人）。这种因民居为纽带而发生密切关系的现象，在石库门里表现得最为充分。因此要讲述石库门人家的生活方式，了解其中的商贸民俗，必须对其中三种人（即大房东、二房东及捐客）略做介绍。并且我们要知道的是，这种形式的商贸习俗只是在旧上海的石库门存在，1949年之后渐趋消失。

（1）大房东

房地产业主，即靠拥有房地产收取房屋或土地租金营利的人。近代上海凡拥有房产面积在1000平方米以上的人被称为房地产大业主。首先跨入房地产大业主的是在沪外商。1876年刊行的《沪游杂记》中提到，"上海租屋获利最厚。租界内洋商出赁者十有六七"[2]。由此可

犹太商人哈同与夫人罗迦陵

---

[1] 杜恂诚.收入、游资与近代上海房地产价格 [J].财经研究,2006(9).
[2] 葛元煦等.沪游杂记、淞南梦影录、沪游梦影 [M]//上海滩与上海人丛书.上海：上海古籍出版社，1989:14.

知当时在沪外商兼有房地产商身份的已不在少数。最显赫的外籍房地产商是哈同,其夫妇遗产中各类房屋1200余幢,计30万平方米以上。而华籍房地产商则产生于早期华商在外资企业的附股活动中。

上海开埠后社会经济的转轨,太平天国政权建立致使江南土地关系的变动,使相当一部分乡绅富豪避居上海租界,新的生活环境致使他们中一部分人尝试有别于乡土社会的生财之道。19世纪70年代后,在一些外商航运、银行、保险、码头业及工厂等都出现华商附股活动,他们以股东身份不同程度地介入资本主义经营活动,分享利润,对房地产投资也颇有兴趣。成立于1888年的上海业广地产公司在1891年就由大股东徐兰斋担任公司华股代表。近代上海房地产业号称四大台柱的张、刘、邢、庞四家,都是浙江南浔大地主出身,他们在移居租界后,虽继续从事丝茶生意,但主要投资却在购置房地产。其中刘姓一家在公共租界中心区的福州路、广西路一带买地建屋约占十余条里弄,如会乐里、会香里、洪德里、昭德里等,并自设经租账房,管理出租业务。后来刘氏兄弟分家析产,其中刘景德一房分得里弄住宅近700幢,抗战前其房地租年收入达5万多银元。

一些洋行买办则对投资房地产业表现出更浓厚的兴趣。早期买办徐润在1883年已拥有地产3000余亩、房屋数千间,年租金收益近10万余元。步徐润后尘者是早期沙逊洋行买办程谨轩、周莲堂,均以租地造屋致富,1890年两人已分别自设经租账房,程氏拥有南京路、北京路附近西藏路地段里弄住宅数千幢。到20世纪30年代,程氏房地产总值近2000万元。周氏房产集中分布在福州路、广东路、浙江北路一带,规模宏大。

由于在近代上海经营房地产业利润丰厚且风险较小,吸引众多的工商业主纷纷兼营房地产。根据1943年12月底的调查,上海已有专业

三 熙熙攘攘:独特的里弄商贸活动 | 73

房地产企业300家左右,许多所谓的"企业公司",名义上虽不是房地产专营公司,但实际上也涉足房地产。如1942年6月,由著名注册会计师徐永祚为主要发起人和无限责任股东的正明企业两合公司筹备设立,营业范围包括:a.工商实业之创办及经营事项;b.各种投资之管理及介绍事项;c.各种物品之买卖及代理事项;d.股票债券之买卖及经募事项;e.房地产业之买卖及管理事项;f.各种财产之管理及会计事项;g.代理保险、运输、报关、纳税各事项。罗列七条经营事项,其中房地产业务赫然在目。再如曾长期担任上海钱业公会法律顾问的律师冯炳南在1939—1940年间也曾策划设立"冯氏父子企业股份有限公司",营业范围亦包括证券、房地产及投资管理等多方面。此外一些银行和钱庄普遍开展信托业务,自然也在买卖房产方面有不少业务,有相当成绩,这体现了当时上海商业资本资金与房地产业的紧密关系。正如1943年4月3日发布的永兴地产股份有限公司营业报告书中所说,太平洋战争爆发以后,上海"市况繁荣依然,人口密集如故,嗣以百物统制,投机绝迹,过剩资金集汇于此,地产市价节节上腾,投资地产遂为一般视线之所集矣"[1]。

(2) 二房东

从近代上海房地产租赁活动看,由业主与租屋栖身的房客直接发生租赁关系的情况并不普遍,往往在其中插入一个中间人,即二房东。

二房东的应运而生有其特定的历史条件。清末迅速扩建的石库门

---

[1] 永兴地产股份有限公司营业报告书.上海档案馆:S188-I-31// 杜恂诚.收入、游资与近代上海房地产价格[J].财经研究,2006(9).

在设计意图上主要是满足一家独用，但是无力买房而选择租房的市民因消费能力、生活需求不等，往往只租用石库门一部分居室。于是就出现一种中间人，这种人将整幢石库门租下，除一部分自用外，其余房间再转租他人。这种人居间参与房屋租赁业务，使业主能一次性与其办理整幢住宅的租赁手续，便于资金周转。房客又可间接从这种人处转租所需房屋。中间人则从缴纳租金与收取转租费的差价中得利。这种三方都能接受的租赁关系逐渐固定、普遍化以后，中间人被称为"二房东"，业主被称为"大房东"，以示区别。

二房东的出现本来是一种社会经济及环境变动下的历史产物，从理论上来说这种群体似乎可以成为协调大房东和三房客之间关系的润滑剂。事实确实是这样：1906年文人包天笑自家乡苏州移居上海，要租屋居住，就遇到了一位很好的二房东——老太太见他是读书人，又是苏州同乡，很合意，所以"不讨虚价"，每月7元；双方谈定后，付了2元，不到两天就搬进去住[1]。于是包天笑在其著作《钏影楼回忆录》中赞叹说："上海借房子，就是那样便利，今天说定了，明天就可搬进去。"如果只看到这一温情脉脉的温馨画面，以为这是事实之全部，那就大错特错了。大量的现实状况是二房东与房客之间的纠纷与矛盾，这是由于当时商业社会的畸形繁荣、人口拥挤、巨大的生存发展压力以及政府的监管不力而造成的，也是由于二房东的多谋利润和三房客之间尽量省钱的本质矛盾所决定的。关于东客矛盾，早在清末民初小说中就有此类情景描述，吴趼人的《二十年目睹之怪现状》中就记载了一个房客私自将家具出卖，潜逃他处而拒不交租的故事。1893年2月28日的《申报》也有此类的社会事件报道：小南门外南仓

---

[1] 陆文达.上海房地产志[M].上海：上海社会科学院出版社，1999.

街二房东某,因房客欠租二千数百文,屡索不还,一气之下将房客门窗杂物搬走,又纵火焚屋。当然清末描写的东客矛盾是小范围的个别事件,从报道来看,二房东在当时还未形成民国时期那样大规模的群体类型,因此与房客之间的矛盾在当时并不那么突出。

随着上海租界移民的增加与人口的迅速膨胀,房价开始暴涨,如1901年南京路一幢五上五下的石库门房子,月租为规元120两。1905年同路段德裕里三间两厢石库门月租则为银洋50元。租界房租如此昂贵,一般市民家庭确实难以承受,业主为管理及收租方便,又不愿将整幢房屋分间出让,于是"中等收入的人,只得约集几家同住,由一人出面租下,然后分摊租金;或一人租屋,招客分租",这样就产生了介于大房东与三房客之间的一类特殊群体——二房东。

早期二房东的出现是因为几家人共同分担租金、减轻生活负担而来,并不专以赚钱为目的。后来随着人口的膨胀和房屋的相对不足,上海出现严重房荒,二房东由于一人手中掌握数间余屋而有奇货可居,有高利可图,这种职业便成为一种行业固定下来,在民国时期存在了很长时间,且数量巨大。1929年全市人口仅271万,已有二房东12.6万余户,抗战胜利后三四年内,上海人口从330万猛增至540万,二房东自然是有增无减。据解放初期某典型里弄调查,在抗战前夕迁入的338户房客中,有257户与二房东达成租赁关系。在抗战期间迁入的1198户中,有910户是租二房东房子的;而在1948年迁入的568户中,有482户。可见二房东的膨胀主要发生在抗战时期,战后继续有增无减。1952年调查时估计上海有二房东13万户,1955年还有8.7万户,直到1956年之后逐渐淹没在公有制的历史大潮中。

民国时期的二房东即以经营分租房屋为业,他们以其拥有的石库门房子为主要"牟利工具",其主要工作亦为"如何利用手中之余屋

来赚取更多的高额利润"。为了实现这一"目标",他们的"日常工作"便围绕以下几个方面进行:

第一,提高"产品总数",即改变房屋格局,通过违章搭建等形式来增加分租房间,以便多租几户人家。

早期二房东分租的部分,一般为石库门房屋的楼面、厢房、亭子间等,并不改变房屋原有的布局和结构。但自20世纪30年代上海房荒愈演愈烈之后,二房东便以搭建为主要手段,走上了增加"房屋总数"的生财之路。他们利用石库门原设计层高,开间较大,搭阁楼、隔成小间。楼下客堂间隔成两部分,旁边留一走道,上面再搭两个阁楼;楼上客堂楼也一分为二,在屋脊倾斜处加搭两个阁楼,由此所费不多就增加4个阁楼、2个房间。此外,他们还挤占辅助部位,如将天井、晒台均遮蔽改为居室出租,甚至将灶间辟为居室出租,令三房客在过道上举炊。1937年工部局一份调查居住状况的报告称,"为使所住人数可以增加,原有里弄房屋几乎没有未经添改的","结果原供一家至多8—9口人居住的房屋,可分租4—9家,或住15—20人,屋内居住面积增加50%"[1]。1939年的调查则称:"住房之拥挤情形,迄未稍减。一所阔仅10英尺之三层楼房,往往住有50人之多。而1941年一所一上一下的旧房子,竟拥挤了27家大小108口人。"

战后违章搭建更是有过之而无不及,据新中国成立初期调查,黄浦区宝兴里、中华里、东新里等10条里弄559幢房屋,共有违章搭建1311处,其中东新里76幢房屋有违章建筑352处,是原有房屋数的4.6倍。该里弄一幢房屋,二房东搭建阁楼9处,原来8.1米高的两层房屋,竟成为高达13.5米的"六层楼"——这就是电影《七十二家房

---

[1] 上海文史资料委员会编.旧上海的房地产经营[M].上海:上海人民出版社,1990:45.

1970年代出品的邵氏电影《七十二家房客》海报

客》的真实生活写照。当时上海文学界用大量的笔触来描写这一生活状况,连以言情见长的鸳鸯蝴蝶派小说对此也有披露,试看下面这段描写:

> 朱小二引医生上楼,走到半扶梯,便停住了,他说:"我的屋子就在这儿。"龙医生很惊愕地瞧着,只见在黑暗中,左首扶梯栏杆那边,开了约有三尺高一扇小门,这小门里面隐约点了一盏煤油灯,蠕蠕然好像有个人睡在里面……原来这屋子本来是一楼一底,大概这二房东租的人家太多了,就想了一个法子来,在楼下添了一个阁楼,租与人家……因此

这两层的房子，多了一个夹层，却变做了三层楼。[1]

这样漫无限制的违章搭建，对房屋本身的破坏非常严重，对人民的生命安全造成极大威胁，时人《竹枝词》云："为因房价太高昂，架屋重楼再垒床。终日乌烟同瘴气，况逢炎夏更难当。"

但另一方面，二房东的收益自然水涨船高。1944年4月至1945年4月间，长寿路91弄2号楼房的二房东每月付给大房东租金134元，而从居住仅占楼房面积六分之一的亭子间、灶披间的三房客头上每月可得180元房租。1929年，市民朱晓云曾上书当时上海市市长，请求限制二房东分租："房屋分租、漫无限制，甚有单幢房屋分租七八户之多，原有灶间、客堂间改为房间，同时在楼上楼下装置阁楼，有将晒台搭成房间，分人居住。区区一屋居住数达十人之众。"关于房屋搭建分租的情况，1931年上海市政府有明文规定限制分租："一、单幢房屋不得超过3户；二、双幢不得超过5户；三、3幢不得超过6户；四、晒台、厨房不得改作房舍；五、非经工务局许可，不得添盖阁楼。"[2]但规定公布后未能切实执行，自然未能对二房东任意支配转租权进行有效约束。更有甚者，1937年国民政府颁布战时房屋租赁法令，为防止房主将出租房屋垄断居奇，规定房主如无确实必要，不能将出租房屋收归自用。这一法规更加使得二房东的永久租赁权得到事实上的认可，加上当时战时普通民居的兴建几乎陷入停滞状态，于是他们更加变本加厉地对房屋内部布局进行"重构"和分租，油水越来越足，以致抗战结束后，其房租收益竟高达大房东3倍以上[3]，成为房

---

[1] 魏绍昌编.鸳鸯蝴蝶派研究资料：上[M].上海：上海文艺出版社,1984:284,346.

[2] 上海文史资料委员会编.旧上海的房地产经营[M].上海：上海人民出版社，1990:44,45.

[3] 上海文史资料委员会编.旧上海的房地产经营[M].上海：上海人民出版社，1990:44.

屋市场之一本万利者。

第二，提高"单位产量"，即变着花样地多收每间屋子的租金，无所不用其极。

二房东为了获得高额收益，在房荒的情况下，以奇货可居，大肆超收房租。特别是在抗战上海孤岛时期，租界更为拥挤，二房东的超收租金越来越过分，时人以《孤岛生活长期越野赛》为题讽刺说：

> 最出风头的选手是二房东，他放大了勇气和胆量，把向来仅出四元的亭子间，涨到三十元！把一个八元的前楼，涨至于七十元！把堆放杂物的三层阁楼整理出来，放租二十元！把晒台取消，马虎地钉个板房子，也租上十五元！把厨房缩小，让出一半，租它十二元！客堂也取消了，让出一道走路，平空又多二十四元！
>
> 渐渐地，二房东跑得也有些"疲乏"，不再向上爬，因为他已经吃饱了肚皮，要是再想爬，他也有自知之明，跌下来有"肚破肠流的危险"。

这种情况甚至到1949年以后短暂时间内还存在。江苏路一幢二上二下的石库门房，月租为旧人民币3万元，而占据四分之一面积的房客要交纳3.8万元的房租。而且这样的例子比比皆是：邻近一幢同类房屋，大房东租金也为3万元，而二房东却要居住在亭子间里的三房客出4万元房租。经统计，在1953年上海市法院审理的17件租金案之中，二房东平均剥削租金超过大房东的2.9倍，最高达14倍。此外，二房东还以转嫁水电费和房捐来满足其贪欲。

第三，尽可能地追求"剩余价值"，主要利用索要各种额外费用如顶费、押租、小租、装修费等形式来谋取剩余利润。

由于抗日战争时期和战后的恶性通货膨胀，货币已经不能作为财富的标准，二房东们为了避免通货膨胀带来的损失，于是发明了一种新型敛财方法，那就是索要顶费，并逐步演变为居住权让渡费。顶费原来是折旧转让费，即前房客退租迁移时，将不易拆去的装修，不愿搬走的家居什物让给新房客使用，前房客酌收折旧费。但在房屋市场供不应求的情况下，顶费就成为变相的居住权让渡费。1932年"一·二八"抗战时，大批市民逃往乡下避难，一时连南京路的房子都租不出去，于是招租广告就出现"不要房租一年，补贴搬费"以吸引租户。到了孤岛时期，又因租界空屋奇缺而导致顶费猛涨，由最初的数百元涨到数千元，甚至要超过本来房租的几十倍。1939年静室庵路（今静修路）三和里前厢房一间，后楼一间，顶费为黄金三两二钱；1944年此路三在里前楼一间、三层阁楼一间要顶费80石白米。战后由于人口的大量继续拥进，而通货膨胀不仅使大房东的租金收入微不足道，二房东的货币收益也没有多少油水，于是他们向房客索要的顶费，数字愈来愈大，越来越离谱，从房租的数十倍到数百倍乃至数千倍，并以黄金、白米或美钞等来计算，其费用几乎与买房价值相当，甚至超过。如1946年同里亭子间顶费为18石大米；1947年淮海中路景行村2号亭子间顶费达黄金十两。顶费交易使二房东财源不断，三房客则苦不堪言。有些二房东为赶走前房客，将空屋出租捞一笔顶费，以阻挠进出、断水断电、制造纠纷直至借助黑社会从旁胁迫，无所不用其极。反映该时期石库门人家生活处境的滑稽戏《七十二家房客》中，二房东欲将石库门以八根大金条为价租给向导社，与姘夫（警察）策划派警察与房客捣蛋，迫使房客一家一家搬出的情节设计，正是当年二房东惯用伎俩的写照。

所谓押租原系出租人为保证租金收入,防止承租人损坏居室设备而预收的保证金。抗战前押租一般为1至3个月租金,退租时须还给房客。但后来押金不再退还,房客被无端勒索。此外,还有各种杂费,使得二房东从居住之人身上能获得更多的"剩余利润",且看当时沈从文借助第三人称的手法,细致地描写了一个作家在上海的居住环境:

> 他住的地方,是一个初初从别处来的人看去很可笑的地方,窄狭肮脏与身体健康极不相宜,然而因为是"作家"所以不单是"住",而且很像是应当"长久住"下来了。上海房租是那么贵,小小的房子还得每月给二房东租金十三元,另外加倒马桶费一元,打扫灰尘费一元,洗衣费一元。这种种规矩,自然是二房东特为这客人而定下了。说是打扫灰尘呢,事情好像也是成天作的,到早上,那娘姨就来了,绷着一个瘦瘦的脸,手执鸡毛帚一个,像旋风那么从桌椅,书架床头上过去,旋风过处,所有灰尘于是扬起了,不见了,她的责任已尽,訇的把门带上走下楼了。房中除了门,就只小小的特辟的窗,门前为上下楼的人来往要道,非关不行,唯一的窗是那样小,正仿佛从海轮上或什么牢狱所见到的一样,纵成天大开,放日光进来,也只是那么光线一饼。希望经那江北娘姨威猛的扫除下而扬起的灰尘,从窗口窜去,自然是办不到的事了,灰尘既无法出去,又不曾为娘姨带去,所以每一早,娘姨的工作只是把灰尘惊起的工作。她只是使所有灰尘扬起,飞到空中,再很平均的分布到全屋里。因为这样,所以虽然时常由自己拿到三楼晒台上抖晒的被单,仍然上面

全是灰，在床上翻身过频时，人就咳嗽不止……[1]

给予的服务这么差，还变着法地要那么多"费"，二房东为了攫取"多余利润"真是无所不用其极，以至于有的"三房客"也不得不做起了"二房东"：据《申报》报道，二十世纪四十年代后期，常有一些住在厢房里的三房客把一间房分成三间——前厢房、中厢房、后厢房。三房客一家通常住前厢房，把中厢房和后厢房租出去。那年头人们在过年时走亲访友祝福对方新年好的时候，常会送上这么一句祝愿："今年你们要做二房东了！"[2]

（3）掮客

掮客，即现代的经纪人，是一种以介绍买卖交易而收取利润的职业群体，这种职业古来有之，历史上又有"驵侩""牙人""牙保"等称谓。关于"驵侩"，早在春秋战国时期即有此职业出现，关于此词的解释颇多，唐人司马贞《史记索隐》中综合前人研究成果对这一词语作出了最终解释："驵者，度牛马市；云驵侩者，合市也。"总之"驵侩"这一职业是自东周秦汉时期从事马或牛交易的中间人。唐宋时期对于这种职业有了新的称呼，最早见于唐玄宗开元年间（713—741年）出现的"牙郎"，其中最著名者便是制造"安史之乱"的罪魁祸首安禄山、史思明。《旧唐书·安禄山传》载曰："安禄山，营州柳城（治所在今辽宁朝阳市）杂种胡人也……解六蕃语，为互市牙郎。"此后，唐代文献中以"牙人""牙子""市牙

---

[1] 沈从文. 沈从文文集：第三卷 [M]. 广州：花城出版社, 1981:70—71.
[2] 申报.1948-3-8.

子""牙侩""牙保"等名称来称呼交易中介人的情况逐渐增多,这种以"牙"为中心词冠称交易中介人的用法一直沿用到近代。在明代私人著述中,又出现了以"经纪"一词与"牙人"互用的情况。然至近代,"掮客"一词新出现了,这是在晚清作家徐珂所写的《清稗类钞·农商类》一书中:

> 上海商业有所谓掮客者,处于供给与需用者之间,古曰牙郎,亦曰互郎,主互市贸易,日本称之为仲买人者也。不设肆,惟恃口舌腰脚,沟通于买者卖者之间,果有成议,即得酬,俗称用钱,亦作佣钱……而以地皮、房产之掮客,为尤易获利也。

在此之前的清代文献中还未出现"掮客"一词,而在《清稗类钞》中多次出现此词,说明这是鸦片战争后上海开埠以来人们对从事交易中介者的俗称,可能出于上海方言,有的还带有鄙视口吻,如《清稗类钞·棍骗类》中"串通地皮掮客以行骗条"讲到上海地价甚贵,狡猾商人预先得知信息,购买地皮若干,他日转手,获利至有十倍、二十倍者,"然此等狡谋,非有地皮掮客为之画策,亦不能办。地皮掮客者,买卖屋地之媒介人。黠者行骗,恒依赖之",字里行间道出了"掮客"在上海房地产交易中所发挥的作用。民国时期,由于半殖民地半封建社会中商品经济的畸形繁荣,商业交易量大大增加,形成了掮客这一职业兴盛之贸易局面。当时从事中介交易的掮客在各类商业中都有,形形色色,无奇不有。据不完全统计,当时各行各业如房地产、广告、股票、转运、粮食、瓜果、五金、药品、棉纱棉布、煤炭、颜料、官司等都有掮客的活动身影,其中尤以房地产掮客最为出名与"实惠"。如在北京,有一种专吃"瓦片"的掮客,专门包办各处房屋的买卖与租赁。

在上海,由于房地产业的繁荣,也有许多专门介绍房屋买卖而从中获利的掮客,他们专业程度各异,有专职靠此营生的,称为挂牌掮客。挂牌者,起"房地产公司""房地产经租处""房地产事务所""租赁服务处"等招牌,假托公司、商号名义经营房地产买卖,仅一部电话、一间办公室即能成事。一般来说,他只需在报纸上刊登房地产出卖或出租信息广告,只待顾客按公司地址前来询问洽谈,经纪人逐一介绍与房客匹配之房源。除了较为"专职"的"挂牌掮客",尚有从事业余掮客职业的,似乎以此类为更多。这些人中有洋行、公司的翻译,有无业游民,还有地保、地政机关职员,以及律师帮办各色人员。在长期的工作和社会交往中,他们认识了房地产圈内的各色人等,其中地产公司人员和寓公、富商、二房东等是他们经常接触的对象。他们的服务范围甚为广泛,无论买卖、抵押,甚至租地造屋等,都少不了这些人插手其间。在晚清小说《发财秘诀》中,其中一个人物名为"雪畦"者,不懂洋文洋话,就想做土货生意,向庆云请教还有什么生意可做,马上就有人高声回答他:"做土货最好是买地皮!"[1]可见当时这一行已经成了最热门、最来钱的商业买卖。在陆士谔所作小说《新上海》中写到一个洋行中的管事利用手中的职权,趁机大捞了一笔。小说中详细介绍了他投机的过程:

> 那洋人这时候要在上海置办产业造房屋,把购地、雇工一切事情,都委了他。他就与洋人买了无数的地亩,兴造了

---

[1] 吴趼人.发财秘诀[M]//中国近代珍稀本小说:第16册.沈阳:春风文艺出版社,1997:545.

无数的房屋，就中赚下中金以及造物的扣头，倒也有一二万金花头。他见购地、造屋利息很好，有落巧的地亩也就买了几块。那些作头本事在他手里讨生活的，见他自己买了地皮，就献殷勤儿讨好，愿减去价值，比造外国人的房屋打去一个六折……这一年，他就造了一二百幢房屋，好在刚刚完工，就有人来租去。每幢房屋总要租到四五元一月，拿算盘一算，差不多有到三四分钱利息呢。他见这生意着实做得多，就把积下的银子尽买了地皮，尽造了房屋，把收下来的房租再去买地，再去造屋。后来又想出一个法儿，把造就的房屋，托洋商出了面，在领事衙门里注了册，转了道契，拿向银行去抵押银子。当时银行的利息很低，所以他就拿着贷款的银子再去造房，造好后又抵押贷款，几个周而复始，被他创下好几万幢的房屋。[1]

小说中的主角还只是洋行中的一个管事，那么数量众多的各大洋行，他们从中赚取的钱财更是无法估量，足见当时的房地产确实让很多人暴富。

因上海房地产价值相当大，所以房产掮客收入相当丰厚，一般佣金在成交总值的2.5%左右，有时亦视执业凭证的性质而异，如永租契买卖为2.5%，田单等买卖则取其中的5%[2]。房地产市场形成之初，租赁并非难事，因此掮客的经营范围主要在于买卖地皮，而非租赁介绍。后来房地产买卖日益稀少，房荒现象日趋严重，顶费日益抬高，租顶介绍一跃成为掮客们的主要业务，并且此项业务获利甚至比房屋

---

[1] 陆士谔. 新上海 [M]. 上海：上海古籍出版社，1997:32.
[2] 姚人. 旧上海的房地产掮客 [J]. 文史精华，1995(4).

买卖还多。因他们的佣金通常在顶费的3%到5%之间，有时甚至高达10%以上，况且由于租顶业务的频率比房屋买卖高得多，因此从事租顶业务比之前赚得又快又多。由于收入丰厚，加入此业的人日增。以至于《地产大全》中写道："现今（指1930年前后），以捎客自任，终日钻谋营业者，何啻千数。"这个数据没有经过精确统计，非实数也，然之后数年加入此业者越来越多，1948年的某期《申报》亦登载："房地产捎客在最近半年来似雨后春笋，群起招徕，有的医生粮商改业，有的则为旧货商烟纸店兼营。"以上说明旧上海房地产中间行业即使在国民党统治政局飘摇的1948年还是商业交易中的翘楚行业，利润颇厚。

  从空间上来说，上海房地产捎客初多集中于今黄浦区地界，其后由于租界日渐向西扩展，捎客也就跟着向西推移。特别是流动捎客，1949年以前，他们经常以南京东路、福州路等地的酒家茶馆等为活动场所，据调查这种没有办公地点而经常以茶馆作为活动场所的捎客，约有2600余人，分布在全市各区，以卢湾、嵩山、常熟、蓬莱四个旧上海区域为最多，且均在200人以上。他们单枪匹马从事业务活动的亦不多，有的二人搭档，佣金共分，有的组成集团。当时的上海，有许多行业的商人，约定茶馆作为聚会场所，进行交易活动，由此还形成了茶会市场。而流动房产捎客们无固定办公场所，因此对于茶馆的借重更为明显。他们每天上下午至少两次出现在南京路上的五云日升楼、一乐天、大三元、大东、东亚、新雅等茶馆酒家，以及福州路上的杏花楼、青莲阁、长乐和苏州河以北四川路的新芽等茶馆茶室，或互通信息，或见客交易，从事职业活动。如晚清小说《痴人说梦记》中，写方子东从东洋贩货回来，想在上海开个店，一个地皮捎客甄滑甫满面笑容地向他推销生意："子翁要租房子，不难，小弟肚皮里的房子，少说也有一百几十所，大的小的，西式华式，开店住家，悉听尊便，府上是那里，还是开店，还是住家？"[1]甄滑甫显然就是一个职业的房子捐客，为了做成生意，还要经常应酬，他介绍自己的生活时就说："小弟是寄居在后马路如意里，一个朋友号里，是天天不在寓的。要找时，一点钟总在海天春，不然，就是金谷香，三点钟就在这生平楼，夜里头就说不定。总不过是酒局和局。"从他的话中也反映出这些房子捐客生意的忙碌。

捐客（经纪人）作为一项古老的职业，在旧上海的房地产业中发挥了一定的功能，有了他们，大房东、二房东、三房客之间的联系与交易便成为可能。但也应该看到，不论是较为专职的挂牌捐客，还是较为业余的流动捐客，由于当时畸形的社会伦理秩序和扭曲的环境，他们的执业大都不够诚实，哄吓诈骗、敲诈勒索之事，时有发生。除了谋取利益不择手段之外，捐客勾结二房东搞变相顶费的花样更多，有代还欠租、代还借款、过户费、房屋装修费、家具费、搬场费、预收房租等各种名目，真是无所不用其极。另外，由于捐客的业务具有不稳定的特点，一般手腕高强、交游甚广者，钱来得容易，生活多腐化堕落，成为社会毒瘤，为人所不齿，时有"白蚂蚁""地皮蛇"之称。而至于一些本事较低的小捐客，由于门路窄、手脚短，即使终日奔波，也往往不能养家糊口，终究沦为失业者，只能随波逐流，因缘时会，碰运气赚佣金。所以说，旧上海的房地产捐客为房地产的交易牵线搭桥，从中撮合，对于活跃房地产市场、缓解市民住房紧张，促进住房商品流通，起着一定的作用。但多数经营作风不正，投机取巧，加之旧政府管理不严，放任自流，也在一定程度上加剧了房地产市场的混乱。

[1] 旅生.痴人说梦记[M]//中国近代珍稀本小说：第15册.沈阳：春风文艺出版社，1997:451.

小知识◎规元

规元,也称豆规银、九八规元,为1933年以前上海通行的一种记账货币。鸦片战争前,上海商品交易中豆类为大宗货物,当时豆商交易即用"规元"计算,故有"豆规银"之称。上海开埠后,对外贸易原以本洋(西班牙银元)为标准货物计量单位。后因本洋来源断绝,市价上涨,大大超出所含银值,几与上海规元价值相等。咸丰六年(1856年),上海商界乃一律改用规元作为记账单位,次年在沪外商也被迫采用此银两为计算单位。

《七十二家房客》

《七十二家房客》为上海人民滑稽剧团原创剧目与当家之作。1958年,为响应"大搞现代创作"之号召,杨华生、笑嘻嘻、张樵侬、沈一乐四位老滑稽艺术家以1949年前上海底层市民的艰苦生活为题材,写就了轰动一时的《七十二家房客》,自此在观众心目中,"七十二家房客"成了住房狭小的代名词。同时此类题材也成为影视剧不断翻拍和借鉴之题材内容,如1963年上映的由中国导演王为一执导的同名电影以及1973年邵氏电影公司出品的情景喜剧《七十二家房客》等。

2　外铺内里，商居交融

言及里弄街布局，一般人皆能想到支弄、总弄的格局布置，极少人关注其"外铺内里"之空间布局。上海在开埠以前就已俨然商业重镇，贸易十分发达。开埠以后，其长久以来潜移默化的商业基因与西方商业精神相结合而被激活。外铺内里就是其中最为特殊而普遍的生活日常。这种商铺格局是自宋代中期里坊制解体、坊巷格局建立起来之后，中国都市文化商业范围之浓厚呈现。古代就有外铺内里的居住传统，如在自然经济时代，大部分具有一定商业性质的城市主干道——街，都有外铺内里之街巷格局，但是像上海里弄住宅这种外铺内里的现象，则是传统街巷商业布局之集大成者，是开埠以来上海商业贸易的繁荣标志，也反映了近代上海商业氛围浓厚的历史事实。

外铺内里，顾名思义为铺子面向街巷之外，里弄为内；里弄小区的第一排房子面向马路，其一层的客堂间作为商铺使用。这种形式具有"商居共融"之特殊功效：一方面，店铺在外，面对街巷，承载着熙熙攘攘的商业空间，获得了最大程度的商业利润，还便利了弄内居民的日常生活；另一方面，外围的店铺有助于保证里弄内部的安宁与安全，使得即使在人杂喧闹、良莠不齐甚至绑票横行的旧上海，人们也能够在里弄内部找到一处宁静与安心。而商住一体模式也体现了中国传统的将一切活动归纳到居住之中来解决的倾向。

以现在改造为著名文化创意街区的上海"新天地"为例，此地旧属法租界太平桥地区。据统计调查，这一地块中的各种店铺类型丰富全面，所经营业务可以看出其性质与规模和附近居民消费水平与生活方式的一致性，是一个里弄密集区。从格局上来看，这一区域的店铺大多为一个开间，开间面窄而进深大，楼下为营业空间，后面和楼上为居住空间。大的店铺可至两个或数个开间，街区在规划时似乎已经考虑到商住一体的模式，将地块规划得较小，盖因当时太平桥地区处于法租界繁华商业街区所致。据勘察，这一区域的地块（一个里弄街区）间距控制在100—200米之间，一般紧密地排列着25—40个不同的店铺单元，每开间按大小平均为3.6—4.2米左右，与里弄单元大小自然相同；而进深则略有不同，顺应地势，成为内里与街道在调整布局中的缓冲地带。至于店铺的具体经营业务，自然是应有尽有，可以充分满足里弄社区内居民日常生活的基本需要：衣有布店、鞋帽店、洗染店、裁缝铺；食有米店、酱园、水果店；住有旅社、客栈；用则有老虎灶、烟纸店、书场、剧院等；另外还有一些靠声誉品牌维持的行业，如医师、药行等处所，有时则会隐藏于里弄内部，可以说是繁荣无限，一应俱全。

再以八仙桥地区为例，在传统的上海版图上，人们把大世界附近，西藏路以西，恩派亚电影院（后改为"嵩山电影院"，今已拆除）以东，夹在南市华界和公共租界之间的地块称为"八仙桥"。1900年《辛丑条约》订立之际，上海租界大肆扩张，法租界将与洋泾浜平行的八仙桥至卢家湾一带并入界内。据《卢湾区地名志》记载，传统时期的八仙桥，法租界越界所筑的路主要有八仙桥街（今云南南路）、恺自尔路（今金陵中路）、维尔蒙路（今普安路）、格洛克路（今柳林路）、华格臬路（今宁海西路）、宝昌路（后霞飞路，今淮海中路）、敏体尼荫路（今西藏南路）、爱多亚路（今延安东路）等。也就是说八仙桥城区是在租界越界马路延伸至此后逐步发展与繁荣起来的。界外道路的辟筑，使法租界八仙桥地区形成了道路交通网。此地及其附近的公交、煤气、电灯、邮政等近代公用事业，救火会、菜场等基础设施和机构也陆续出现。1921年后，南京大戏院和里弄中的恒雅甬剧场相继出现。1927年起，法商电车多经过该地区，英商电车线路又在大世界附近交接。法商电车公司在八仙桥菜场附近设立八仙桥站，区域内大小饭店、饮食摊、旅馆星罗棋布，衣着、鞋帽、百货商店鳞次栉比。

有的学者认为应将上海社区类型划分为三类：第一类是以大中型企业、产业、机构为主体的社区；第二类是由各种非居住性建筑以及大量居民住宅错杂相处而形成的社区；第三类是纯粹的住宅区。这样来说八仙桥可归为第二类，因为此地确有"商居交融"之空间布局特征。又有学者进行了进一步的细分，将城区划分为七类，八仙桥应属于第三类的商业娱乐街区，与南京路、霞飞路（今淮海中路）、四川北路等相似，都是带有浓重的商业气息和俚俗特征的商住街区。因此，八仙桥地区的最大布局特征便为"商住共融"。里弄小区的第一排房子面向马路，具备经营生意的基本条件，许多店肆开在那里：如八仙桥的中心道路恺自尔路（今金陵中路）的老人和菜馆、华格臬路（今宁海西路）的15家参行药行及6家诊所、坟山路（今龙门路）小吃摊集中地及片衣衬头商店和维尔蒙路（今普安路）的杂货典当点等。[1]除了小店还有其他形式的生意。其中八仙坊也很出名,原址为潮州坟山的一部分。总弄称为"大八仙坊",共有71幢房屋;分弄叫作"小八仙坊",共有39幢房屋;弄外沿街商店有28幢。弄内房屋底层也大多开设商行字号,居民多属小商小贩,曲艺、魔术、口技艺人,大都生活穷苦。附近典当行竟有六家之多!当然由于八仙桥处于旧上海黑社会中心区域,其内营生鱼龙混杂,因此八仙坊这一区域北部多妓女暗娼,加之恶棍流氓敲诈,一派乌烟瘴气,一度有"臭八仙"之称。[2]

从19世纪60年代《上海新报》广告来看,参与房地产市场交易的地块或房产,往往以商住两用为招揽。如公平洋行的一则启事称:"今有空地出租,即在大桥北面,新开大马路两边,新填泥之店房基地,并下有未填泥之店房基地。此路颇为通衢要道,水路绝便,造屋开铺甚为合理。又零有空地五六方,共计有五十余亩,皆有官街出路,可造栈房住家最为合用。"[3]另有所谓上等华栈,坐落汉口路棋盘街外,"共有住房十间,厨房四间,小屋两间,栈房一大间,可以改装住房十二间"。可见,商住两用是开埠初期租借商品房经营中突出强调的市场信息,作为这种民用建筑样板推向市场的是石库门里弄,此类住宅砖木两层、设施齐全、商住合一、租买两便。

当然这自然是江南市镇民居在上海这个商业都市的孑遗与延续。早期石库门的方位优势在于地处租界商业区,设施齐全、交通便捷。这种集经营与家庭生活于一体的建筑设计构想,既经济又方便,迎合

---

[1] 上海市黄浦区人民政府.上海市黄浦区地名志[M].上海:上海社会科学院出版社,1989:377,382,392,407.

[2] 上海市黄浦区人民政府.上海市黄浦区地名志[M].上海:上海社会科学院出版社,1989:41,250.

[3] 上海新报:1862—1872[M]// 中国近代史料丛刊:第三辑,台北:台湾文海出版社,1986:1—42.

了租界华人的消费需要，沿袭传统商业经营常见的前店后宅、下店上宅的习惯，也与租界当局对界内民居建筑兴建注重合理开发、规范施工的要求一致。随着电灯、自来水、煤气、电车、电话等公用设施首先在租界进入居民家庭，石库门人家自然是先受其惠。在清末上海，石库门既是上流社会最常见的住宅，也成为商业经营者的理想选择。及至清末之后，石库门这种有库门的传统里弄住宅建造得越来越少，新式里弄等形式愈加盛行，无一例外的临街一排房子都采用了前店后宅、下店上宅的设计形式，体现了上海这个大都市将商业活动渗透于居民生活的习俗特征。在长期的商住一体、商居共融的习俗行事中，也有一些颇有规律之现象呈现，反映出里弄住宅因群（体）成市、因行成市的商贸特色。

（1）因群成市：外国侨民的弄堂商业

近百年来，成千上万的外国人从世界各地拥入并汇集在上海这个"冒险家的乐园"，使得此地在开埠后的二三十年间，迅速发展成为以通商贸易为依托的繁华商业都市。定居下来的外侨也带来了自己的日常生活，有一部分人居住在花园洋房、新式里弄里，从事的是较大金额的金融、贸易工作，但也有一部分人居住于传统石库门里弄中，将自己国家的文化习俗带入弄堂生活。他们在这里设店开铺、经营日常贸易，成为石库门商贸习俗中值得书写之一景。

外侨在上海弄堂里经营最多的生意便是餐饮业。这一方面是由于饮食乃思乡情绪之最大端，开设饭馆从事餐饮业，至少可以满足自己和同国家群体的口腹之欲。如当时有些外国人就在教堂、使馆等洋人较集中的地区开设了一些符合本国侨民口味的面包房和餐馆。另一方面在于中国饮食兼容并包,中国人"什么都吃得下",四海饮食,只要是好吃、不怪异,再加上改良并适当地"中国化",皆能为国人所接受。据民国时期出版的《上海市场大观》记载:"西菜馆,从前又称番菜馆,一名大菜馆,清末民初就有一江春、一枝春、一家春、一品春、大观楼等十余家,现在又陆续开设的又有数十家,所卖的均是英美式的西菜,也有几家卖俄式西菜的。"[1]清末时人黄式权描述"西人肴馔,俱就火上烤熟,牛羊鸡鸭之类,非酸辣即腥膻……裙屐少年,往往异味争尝"[2]。可见,虽然西式菜肴与中国传统饮食制作工艺和口味大相径庭,然而华人本着好奇和"崇洋"心理,亦经常光顾当时番菜馆。当然有些聪明的西菜经营者为了烹制出符合中式口味的西餐,特将西方烹饪技艺与中国传统菜肴制作方式相结合,即中菜西烧,从而制作出中西合璧的西式大餐。如一些西菜社将中餐菜肴"烩八珍"用西法改进而进行烹调,使之形成色香味俱全的浓汤,颇受中外食客青睐。西方饮食是侨民渗透进入上海民众日常生活之首要商业,这项经营最早由在华俄国人开办,如淮海路原法租界上由俄国人开设的罗宋面包房,即今淮海西餐社之前身,乃是最早的外国餐馆。这种现象的出现有其特殊的历史原因,这与20世纪初年俄国特殊的政治形势相关。

19世纪60年代初起,上海为俄商在长江中下游一带茶叶运销的主要中转站之一。汉口的俄国茶商为处理贸易业务常去上海,并逗留一段时间,成为上海最早的俄国侨民。1860年,俄国政府在上海设立了编外领事馆,但至20世纪初,俄国商人在上海还未真正站稳脚跟,只有不多的私人商号在沪设立了办事处。日俄战争至一战爆发的10年

---

[1] 徐海荣主编.中国饮食史·卷六[M].北京:华夏出版社,1999.
[2] 黄式权.淞南梦影录[M].上海:上海古籍出版社,1989.

间,上海两租界俄侨总数仅在400人左右。1917年十月革命后,大批反布尔什维克的俄国难民蜂拥至沪,仅1918年1月至4月间,即有千余人至此。1924年夏,中苏两国恢复外交关系后,哈尔滨俄侨开始陆续迁居上海,人数增加更多。在度过了最初几年的艰难岁月后,自20年代末起,上海俄侨聚居区开始全面改观。大部分俄侨已在新的土地上站稳脚跟,家庭生活逐步改善。绝大多数略有资财的俄国侨民都乐于在被他们视作第二故乡的法租界居住和开业,使许多原来僻如乡里的地方变得生机勃勃。短短几年内,他们很快便使霞飞路(今淮海中路)成了仅次于南京路的上海第二条现代化繁华大街。霞飞路中段,自吕班路(今重庆南路)至亚尔培路(今陕西南路),当时被上海西人称为"俄租界",而许多华人则将霞飞路称作"罗宋街"。如华东俄菜馆,经营俄式西菜,其名菜罗宋汤鲜香味美、价格便宜,一般人家也能承受,因此菜馆生意一时兴隆异常。

俄国侨民在上海日常生活中的商贸经营不仅是西餐,还有多种业务。至20年代末,上海一些行业如女帽头饰业和女服童装制作业等,绝大部分由俄商经营;男子服饰店、新式布匹百货店、面包房和西式食品店等大都为俄商开设;俄商钟表店和珠宝首饰店,在上海众多同业竞争者中也声名日上。上海俄侨商业的迅速发展,使得哈尔滨、天津、青岛等地的不少俄商也逐渐将活动中心转移至上海,在霞飞路一带开设总店或支行。

(2)因行成市的行业集聚模式

上海史研究专家熊月之先生在《上海通史》之"晚清社会"卷中分析道,今自河南路以西大体延伸到茂名路、陕西路、铜仁路段止,就是石库门里弄最为密集之地段。由于民初以后石库门多为大地块、小单元成片兴建，故该区的民居建筑外观显得井然有序。这里也是上海客流量汇聚中心地，商业设施齐全，公共交通线路呈网状格局，是房地产经营的黄金地段。具体来说以今市中心区黄浦区及卢湾、静安两区局部为主，以外滩、南京路、霞飞路（今淮海中路）、四川北路等金融、商贸集中路段为范围。这里是近代上海都市经贸活动的心脏、购物中心和娱乐世界。从建筑景观看，亭楼密集，鳞次栉比，是主要标志性建筑最集中地，洋溢着摩登、快节奏跳跃的时代氛围。以南京路、霞飞路（今淮海中路）、四川北路这三条马路为代表，囊括临近马路的综合性消费场所，集餐饮、娱乐、购物、游览于一地，逐渐成为三大消费中心区。

其中南京路居首位，与其优越的地理位置有关。这里地处市中心，覆盖面宽（南抵延安路，北及北京路，西至西藏路，另由南京西路延伸到静安寺），20世纪30年代后期，这一地区有不少店多成市、各具特色的专卖街出现，如福建路（衣庄）、福州路（书局、女式大衣）、广东路（鞋袜店）、棋盘街（呢绒、笔庄）、兴圣街（绒线店）、西藏路（旅馆、舞厅）、河南路（中式皮货店）、四川路（西式皮货店）、南京西路（地毯、吃食店）等。这些商店与四大公司一同营造出多层次的购物场所。伴随这一发展，商业建筑的更新也经历了由城厢内的前店后屋式家庭经营，转向北上租界洋场沿路开店，或占据邻里里弄形成规模经营，进而拆里建楼，使商业景观呈现立体格局。

上海市面上不仅商业兴旺，而且还体现了行业集中的特点。《沪游杂记》中介绍上海"各货聚市"的情况："上海货物皆有聚市之所，如绸缎庄在抛球场路南及东门内外；纱缎蟒袍在盆汤弄；丝茶栈居二摆渡者多;洋布呢羽在大马路、抛球场及东门内;衣庄在大东门内彩衣街东街;洋广杂货在棋盘街及四马路;古玩玉器在新北门内;眼镜在新北门内;照相楼在二、三马路……酒馆、戏馆、茶馆宝善街一带居多。"以上介绍可以说明,上海市面不仅叫卖的各种货物聚集成市,而且各行服务业也经常聚集在一起,形成强大的人气来吸引顾客。而这些民生行业的集中,自然是以里弄住宅为承载体的。

在这些弄堂街巷中,最有特色的恐怕就是居于其中、隐藏深处的弄堂旅馆了。清末民国时期的上海,外来人口居多,也是较为出名的旅游城市,外来游客商人短暂居留,一般来讲不会租房,而选择旅店住宿。对于经济实力较为雄厚的外来旅客来说,上海的西式旅店由于设施齐全、交通方便、服务周到而成为首选,但对于经济实力一般的旅客来讲,较为便宜的弄堂旅馆、客栈自然更为实惠。据学者考证,在近代上海商城的发祥地(也即后来的心脏地),以南京路为分界线,将整个商业区的经营分为四大块,其中南京路南面以福州路中段为核心地段为旅馆集中地。

这一时期,上海的旅馆有中西之分,新旧不同,大小各异。据1911年版《上海指南》记载,当时上海有中国客栈200余家,其中49家设于华界,分布在租界里的约有160余家。这些里弄旅馆到20世纪40年代末以福州路中段为集中经营区:东起山东路,西至广东路,

1911年版《上海指南》扉页

北连汉口路、九江路，南抵广东路。这一类中式旅馆以弄堂为主要区域，在选择方面有如下特点：

首先，这些客栈多地处街区里弄中心，进出便利，闹中取静。从商业地图看，福州路中段旅馆沿马路而设者极为罕见，往往是处于街区商号之层层包围下。在北抵福州路、南至广东路、东起山东路、西接福州路的街区，就有5个里弄设有旅社。这些旅馆规模不等，以中小型为主，两开间或三开间门面较为常见，少数旅馆占地近20个单间石库门。其地段优势在于临近闹市，地处里弄深处，一般是里弄内有弄道相通，故道路功能单一，即只做弄内通道，并不兼做小马路使用。贯穿整个街区的弄道极少，这种格局既便于旅客就近游览，又能避开喧嚣，闹中取静。这种经营环境能就近为客户提供方便、舒适、周到的服务。

其次，设施配套较为方便快捷。在旅馆较为密集的福州路区域，与旅社相配套的服务点有浴室6家、饭店29家。这是由于该地区的里弄属早期石库门建筑，虽在使用自来水、电灯等方面领先一步，但煤气、卫生设施的整体更新在20世纪40年代却还未能彻底解决。因此，为了改善旅社服务设施，又兼顾业主投资能力有限，在街区兴建提供专项消费服务的浴室、饭店等设施便成为应有之义。从饭店的占地空间看，不少仅在沿街马路段占有一个单开间门面的房屋，将此街面房屋与里弄内石库门单元打通使用，既使饭店经营有一沿街门面招揽生意，又可视经营规模租赁或购买弄内石库门单元，改变内部使用空间。这些旅社、饭店等设施的选址一改传统市镇沿街沿河而设的惯例，依马路两侧里弄出口为中介，参与该地段商业经营，提供各自专项消费服务，使得一块路段形成一个小型消费圈，以设施齐全而著称，也体现出中式小旅馆性价比高、服务周到的商业特色。

3　流动摊贩，叫卖声声

"薏米杏仁莲心粥！"

"玫瑰白糖伦教糕[1]！"

"虾肉馄饨面！"

"五香茶叶蛋！"

这是四五年前，闸北一带弄堂内外叫卖零食的声音，假使当时记录了下来，从早到夜，恐怕总可以有二三十样。居民似乎也真会化零钱，吃零食，时时给他们一点生意，因为叫声也时时中止，可见是在招呼主顾了。而且那些口号也真漂亮，不知道他是从"晚明文选"或"晚明小品"里找过词汇的呢，还是怎么的，实在使我似的初到上海的乡下人，一听到就有馋涎欲滴之慨，"薏米杏仁"而又"莲心粥"，这是新鲜到连先前的梦里也没有想到的。但对于靠笔墨为生的

---

[1] 伦教糕的制作起源于广东顺德区伦教镇，是岭南典型的汉族糕点名吃，又叫"白糖糕"。由于品质、风味特殊，特别在夏天为广大消费者所喜爱，目前生产已很普遍。伦教糕是由籼米粉用酵母发酵，使淀粉质变为淀粉和糊精的混合体，再蒸制成型，其透明程度较高。软韧性则近似于糯米制品。

人们，却有一点害处，假使你还没有练到"心如古井"，就可以被闹得整天整夜写不出什么东西来。

这是1935年5月上海《漫画月刊》第九期发表的一篇名为《弄堂生意古今谈》的散文，署名为"康郁"，这其实是鲁迅的一个笔名。文章回忆他在20年代初刚到上海居住在弄堂时候的情景。石库门里弄往往闹中取静、

1928年3月16日，鲁迅在景云里寓所

曲径通幽，形成安静的生活状态，然弄堂里的叫卖声却使得这种生活更为便利起来。发出叫卖声的即是活跃在弄堂里的流动摊贩。

摊贩是一种古老而又传统的商品交易形式，在我国有数千年历史，是居民日常生活的有益补充。《易经·系辞下》中有"日中为市，致天下之民，聚天下之货，交易而退，各得其所"句，描述了远古时代的集市交易现象。至周代已具相当规模，并有多种形式。《周礼·地官·司市》载曰"五十里有市"，又写道"大市，日昃而市，百姓为主；朝市，朝时而市，商贾为主；夕市，夕时而市，贩夫贩妇为主"，这里的"贩夫贩妇"就是活跃在市场上的生意规模较小的摊贩。我国古代摊贩是传统小农经济之产物，他们大都是由农户在农闲时充当，临时出售一些农副产品或自造的手工产品等。其类型若从营

业地点固定与否来看，可分为固定摊贩和流动摊贩，但还有一种没有明显界限的半固定半流动摊贩，故有时这两种类型可以互相转化。总之，摊贩是活跃在古今中外城市乡村的一类半职业化社会群体。在上海这个大都市中，摊贩从业者用他们的辛勤劳动和奉献，与都市居民形成良好互动，他们的服务可以说与市民日常生活相伴相生，成为里弄生活习俗之一部分，他们的叫卖声、吆喝声、响器声在普通民众看来是美妙的"城市之音"。

在近代中国城市化初期，摊贩亦面临着新的转型，获得了新的历史命运与生活挑战。近代城市化进程中断了部分生产效率低下的乡村固有的生产与生活方式，摧毁了乡民的田园牧歌，加之多重压迫与侵蚀，广大农村经济凋敝，农民生活困苦，不得不背井离乡，率相逃往看似有着更多"生存机会"的大型城市，这是城市中小摊小贩的来源群体之一。再者，大量城市居民在半殖民地半封建社会的经济氛围中，生活日渐不易，有时也不得不从事小型商品服务，此为城市摊贩来源之二。破产农村的乡民与城市失业者共同组成了中国近代摊贩群体的主体来源，这两大群体的共同特点是无文化、无资本、无技术，于是经营方式简单、专业技术易学的流动摊贩便成为他们维持生计的最大支柱。这种"再就业"的方式在多重外来经济挤压下的上海最为典型。

开埠前的上海，虽然商业繁盛，蔚然"东南壮县"，然从地域上来讲，仅老城厢一带较为繁荣，周围农村仍保持着中国传统社会小农经济的生活与生存方式，有着所谓"日出而作，日落而息"的自给自足的田园生活。当地一首《竹枝词》描述道："乡农入市起中宵，蔌自篮提菜自挑。细雨出来箬帽荡，秋风人渡米筛桥。"[1]由此可以看出当时的卖菜摊贩乃乡民"业余客串"而成，他们并非完全以此为业，也并非以此为正业。开埠以后，城市人口不断膨胀，居民消费层次渐趋多元，客观上要求多层次、多渠道的商贸模式与之相匹配，小摊小贩们所售的价廉物美的商品很快便成为城市中下层阶级的消费必需。"上海居，大不易"，不是所有人任何时候都要进行高级消费的。况且即便是一些收入较高的职员、买办类人士，也并不排斥摊贩商品或服务的价廉与物美。即使西方人也不例外，为了更好地享用性价比高的摊贩商品，西人还在1843年至1864年间开办与日常生活紧密相关的零售商店，并组织中国摊贩到那里从事零售商业[2]。此外还有一些生活服务类行业如裁缝也是西人较为青睐的摊贩服务。

上海开埠以后，随着城市化进程的加快，城乡之间差异日益明显，呈现出鲜明的城乡二元经济结构特征。上海市中心鳞次栉比、车水马龙的繁盛景象与破败落后、日渐凋零的城郊农村形成巨大反差，刺激着与市中心相距不远的城郊乡民，其中有不少人为了生计，离乡迁居，至上海谋生。这些新来到城市的农人们，有很大一部分进厂做工，或者去给人帮佣赚钱。如在上海县法华乡，"光绪中叶以后，开拓市场，机厂林立，丁男妇女赴厂做工"，这是上海近郊农民职业的变动情况，因其所处区域离租界较近，当地民众较早接受都市文化的辐射与熏染所致。当然，还有一些区域的村民，由于接受现代化文明程度较低，或受文化程度、职业技能等方面的限制，即便来到了市区也只能从事一些技术含量不高的工作，即成为摊贩。如宝山彭浦里一带，原先"农家最劳苦而安分，终岁勤动，竟无休日，若无产者受值

---

[1] 顾炳权.上海竹枝词[M].上海：上海书店出版社，2001:105.

[2] 李黎明.近代上海摊贩群体研究:1843—1949[M].济南：山东人民出版社，2013.

佣丁,不少偷懒。妇女亦事耕耘,暇则纺织,犹存勤俭之遗风焉。然自租界北辟,男以鬻贩营生而奢华渐起"。以上一段文献说明,上海工业对于传统农村文明的冲击,是此地摊贩群体壮大的重要原因。而庞大的摊贩群体能在城市的夹缝中长期生存下去,根本之处就在于广大市民的生活所需为他们提供了广阔的生存空间。摊贩们有的在一定时间内固定在某一区域的马路街头,还有的长期流动走街串巷叫卖,像一个"移动的零售货摊",其职业地理空间较为不稳定与多变,他们从事的商品和服务也五花八门,甚为丰富,大概有以下几种:

(1) 饮食业

上海最常见的是饮食摊贩。在弄堂里,从早到晚,乃至深夜,饮食的供应络绎不绝,其对象种类既有正餐所需,也有消闲所食,无所不及。有一位从小在弄堂里居住过的老市民这样写道:

> 清晨,静寂的弄堂苏醒了,脚步声、招呼声,声声入耳。尔后,生煤炉的烟雾开始飘摇,烟雾中不时传来"刷刷刷"的洗马桶声。"得得得",一阵清脆的马蹄声伴随着"嘀铃铃"的马铃声,穿过薄烟,钻进人们的耳鼓。小孩听到,顿时兴奋异常,冲出房门,循声而去。这就是每天最早出现在弄堂里的商贩——"挤马奶"。卖马奶人牵着一匹母马,马背上驮着一方毡毯和一只小木桶,慢悠悠地走进弄堂,来到订奶的住户家前。"马奶来了!"一声唤把购奶者唤出。马奶一般是预订的,饮户多为长期订户。最早卖马奶的大多为白俄,后逐渐有国人加入。饮马奶先不太盛行,后听说马奶无结核

菌，饮户则有所增多。50年代，这一行当绝迹了。

之后，便有小贩进弄堂贩卖点心。现做现卖的点心，如大饼、油条、粢饭、豆浆等，一般在街口道。进弄堂的大多为隔夜做好的点心，最常见的是卖苏宁糕团和广东伦教糕等。卖苏宁糕团的商贩，肩挎四方的玻璃柜，手提活动的"趴脚架"，边走边吆喝："桂花赤豆糕，红糖黄松糕""糯米双酿团，豆沙条头糕"等，见有买者，放下趴脚架，搁好玻璃柜，接客售物。

……

下午二时后，弄堂里复又沸腾，这是一天中最有生气最热闹的时分。做完作业的，或刚放学的小孩们，似出笼的小鸟，在弄堂里嬉戏追逐。此时的小贩，不但所卖种类多，而且吆喝也最出新，朗朗上口，深得孩童喜爱。

此时点心摊为最多，最常见的是糖粥担。摊主一肩挑两个圆桶，一个盛的是糖粥，用上等白糯米，大红袍赤豆、白糖、桂花为原料，在大锅内煮成，甜而不腻，芳香适口；另一桶盛的是赤豆羹，但有的摊主也兼卖芝麻糊、水果羹之类的小吃。摊主一般不吆喝，而以竹梆声代之：用一竹棒敲挂在担子旁的竹筒，其声"笃笃"，一听便知，糖粥担来了。买者可单买其中一种，也可兼而有之：在一碗粥上浇一勺赤豆羹。

除糖粥担外，小馄饨担、酒酿圆子担、排骨年糕担等小吃点心亦为弄堂内的常客。

……

太阳落山，弄堂里家家户户都准备晚餐。这时候又出现一批叫卖小贩。

油煎臭豆腐。一副担子，一头是油锅，一头是几层格子的木箱，格子内放有生的臭豆腐、碟子，以及辣火等调料。臭豆腐在沸腾的油锅中翻腾，待到皮色转为金黄色时捞出，搁在锅上网筛中沥油，香味扑鼻。买者用碟子装着，蘸上辣火，滋味十足……

酱菜。挑子两头是有玻璃罩的大提盒，内装各种酱菜，有酱瓜、八宝什锦菜、五香萝卜头、糖醋大蒜头及各式腐乳等，也正好成为以粥代饭的人家买去作吃粥小菜。

猪内脏熟食。一种是专卖煮猪内脏的，多为无锡人，手提竹篮，用道地的无锡口音叫卖猪大肠、肚子、猪肝、肺等。买者选购好后，摊主撒上花椒盐，用荷叶包好，正好回去佐餐。另一种是卖卤味的，或五香或红烧的，有五香牛肉、红烧鸡鸭膀、酱肚、酱"门腔"（猪舌）等。

晚饭过后，弄堂就会传来卖水果的吆喝声，各种时令水果粉墨登场。

深夜，在进入梦乡时，在枕边又可听到幽静的弄堂里传来不同于白天音韵风味的叫卖声。有"笃笃"的梆子声，有悠长的吆喝声，此时的挑担，大多放在弄口，点上一盏电石灯，香味飘溢。当小摊有时经过某一门口时，往往会从二楼亭子间中传出来叫买声。随着窗口的打开，亭子间里吊下一篮子，里面放着一口小铝锅和零钱，摊主则收好钱放进买者所购的食物，篮子就往上吊了。此时的买者，大多为在亭子间挑灯夜读者或者爬格子的文人，当然也有通宵雀战者、烟鬼等。[1]

---

[1] 俞成伟.上海弄堂叫卖风情[D]// 李伦新，等主编.海派文化的兴盛与特色：第六届海派文化学术研讨会论文集.上海：文汇出版社，2008:128—133.

凡是久居上海的市民，都能回忆起当时有许多小贩肩负臂提各种食品，走街串巷地叫卖。他们所叫卖的食品，种类繁多，有常年供应的，有季节性供应的，也有是各地方口味的。有人回忆起来，将其列举如下。

食品的种类有：阳春面、馄饨、五香茶叶蛋、火腿热粽子、猪油夹沙百宝饭、白糖莲心粥、桂花赤豆汤、臭豆腐干、豆腐花、烫山芋、香瓜子、糟田螺、茯苓糕、黄松糕、松子糕、熏肠肚子、鸭膀鸭舌头、冰糖山楂、擂沙圆、三北盐炒豆、五香焙酥豆、发芽豆、绍兴河桥豆腐干、白切羊肉、甘草梅子黄连头、腌金花菜五香豆、酱菜甜酱瓜、热面包、糯白糖。以上常年供应。

季节性的有：白糖梅子、白糖海蜊、生炒热白菜、焐熟藕、糖芋艿、热珍珠米（苞米）、沙角菱、圆角菱、热风菱、五香白果糖、玫瑰白糖糍饭糕、檀香橄榄。

地方口味的有：白糖伦教糕、大笼糕、咸煎饼、芋艿糕、萝卜糕、芝麻糊、杏仁茶、沙河粉、虾仁馄饨、云吞面、鱼圆汤、燕皮馄饨、广东糟白鱼（以上广式）。

苏北口味的有：麻油馓子、脆麻花、大饼油条、糖麻球、高邮咸蛋、鸡蛋糕等，种类繁多。[1]

《图画日报》生动地描述了各类小吃摊贩沿街叫卖的热闹景象，如《营业写真》之六十七《卖馄饨》，并配诗曰："大梆馄饨卜卜敲，码头担子肩上挑，一文一只价不贵，肉馅新鲜滋味高。"《营业写真》之七十二《卖白果》："烫手热白果，一钿买三颗，会做生意喊两声，联联络络像煞一篇白果赋。"

---

[1] 李修章. 旧上海小贩叫卖的闲食小吃 [J]. 世纪, 2000(04).

可以说，在各行各业的摊贩中，小吃摊贩是数量最多的，也是最有特色的。

（2）零售业

其次来讲，长期走街串巷，方便上海里弄居民的，是零售业和服务业。走街串巷、赶集设摊的货郎担是最早的摊贩之一[1]。

但作为一个行业，日用百货业形成于19世纪前期，以杂货铺为主要形式，经营各种手工业产品，如棉纱线、板刷、草纸、香烛、灯油、灯芯、旱烟、扇子、日用小五金制品，以及油盐酱醋、零星食品等。随着城厢居民增多，市场需求扩大，一部分杂货铺转向经营苏州、杭州和北京生产的绣品、挂件、玩具、靴鞋以及雕翎、朝珠、顶戴等高档生活用品，称为京货店。

上海开埠以后，在杂货、京货之外，又出现了所谓广货和洋货。广货主要是广东的牙刷、算盘、筷子、玉器、镜子、扣子等，洋货则包括时钟、呢绒、绸缎、布匹、洋酒、罐头、洋火、洋烟、洋油、洋烛、洋皂、洋伞、洋瓷等。杂货、京货、广货和洋货统称为京广杂货或洋广杂货。

近代上海的各类洋广杂货点星罗棋布，但各类杂货摊、货郎担仍然活跃在街头里弄。《图画日报》里关于杂货摊、货郎担的记述比比皆是，如《营业写真》之五《卖蒲扇》；《营业写真》之四十九《卖笔》："卖笔先生湖州人，水笔旱笔包内分；长衫一件不肯脱，虽然小贩亦斯文。"其他如《卖老鼠药》（三十二）、《叫哥哥担》

---

[1] 李黎明. 近代上海摊贩群体研究：1843—1949[M]. 济南：山东人民出版社，2003.

（二十五）、《唧儿摊》（二十六）、《卖布》（五十）、《卖洋皂》（五十二）、《卖鸡毛帚》（八十五）、《卖发子》（一百零七）、《卖花带》（一百零八）、《卖铜勺铲子》（一百一十四）、《卖水磨筷》（一百一十九）等。

零售业一般兜售生活所需百货，虽然上海零售百货商业发达，很早在棋盘街一带就形成了广货行、京货行，甚至洋货行，但若要买到这些百货还是要走出弄堂花费一定的时间和精力，当然不比百货摊贩那么及时了。其实，这种售卖日常用品的行业古已有之，也就是大家所俗称的"货郎（儿）"。所谓"货郎"，就是旧时挑担、推车或背着箱子、包袱等，在城乡流动出售日用杂货的小商贩，在中国也属于一种传统的职业。《水浒传》第七十四回有一个情节，写市井诸行百艺无不通晓的梁山好汉"浪子燕青"，隐姓埋名扮作山东货郎赶赴泰安州，参加三月二十八天齐庙会的相扑打擂。书中写道：

次日宋江置酒与燕青送行。众人看燕青时，打扮得村村朴朴，将一身花绣把衲袄包得不见，腰里插着一把串鼓儿，

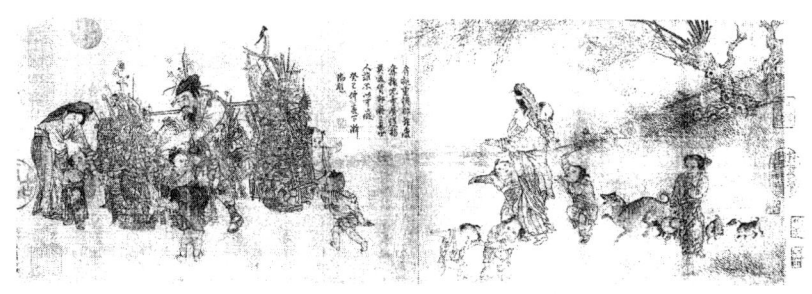

宋·李嵩《货郎图》

挑着一条高肩杂货担子，诸人看了都笑。宋江道："你既然装做货郎担儿，你且唱个山东货郎转调歌与我众人听。"燕青一手拈串鼓，一手打板，唱出货郎太平歌，与山东人不差分毫来去，众人又笑。

清代华广生编著的《白雪遗音》中有首《货郎儿》曲：

> 货郎儿，背着柜子摇街串，鼓儿摇得欢。生意虽小，件件都全。听我声喊——喊一声，杂色带子花红线，博山琉璃簪。还有那，桃花宫粉胭脂片，软翠花冠。红绿梭布，杭州绒縗，玛瑙小耳圈。有的是，木梳墨篦，火朝纽扣，玉容香皂擦粉面，头绳似血鲜。新添的，白铜顶指，上鞋锥子，广条京针，时样高低梅花瓣，并州柳叶剪。

可以想见，传统货郎所售货物大概如是，旧时的货郎俨然一个流动的"微型超市"，满担或满车的日用杂货都任你挑、任你选，并允许讨价还价；这趟没带着的缺货，还可以预约订货，过两天又送上门来了。

还有一类特殊行业可谓是百货零售的补充，这就是旧货摊贩，也是最早的摊贩种类之一。据当地方志记载，上海兴市以后，就有人从事废旧物资买卖，为社会调剂余缺，最初多为流动性个体商贩，一边收购一边销售。随着经济的发展，逐渐有坐商经营废旧物品，经营范围也有所扩大。不论是固定坐商还是流动摊贩，旧货商们经营业务无所不包，但有几样业务是比较受欢迎的。如买卖旧衣，上海买卖旧衣的旧衣摊和估衣铺特别多，《图画日报》载曰："旧衣摊上旧衣多，原当东西便宜货；颜色已退重染过，线脚不牢重新做；倘有碎洞好织补，样式不时一改就时路；若然买得裤子裤裆破，最好挖去裤裆做套裤。"[1]旧货业还具有明显的"时代特色"。如在上海沦陷期间，许多人逃到租界避难，谋生不易，旧的表、笔、唱片、收音机、西装等买卖相当火爆。抗战胜利后，日伪敌产、美国剩余物资及走私物品如罐头、军用水壶、刀具、手表、旧衣物、皮鞋、家用杂货等大量投入市场，成为抢手货，旧货摊也因此急剧增多，今虹口虬江路一带摊贩便达数千人，甚至还出现了专门出售的"救济物资""剩余物资"和走私货的中央商场和中美商场等。可以说这一时期的旧货业已呈畸形膨胀之势[2]。但一般来说旧货是弄堂居民日常生活用具的有益补充，直到1949年以后很长一段时间，旧货摊贩还穿行于弄堂街巷之间。因为上海弄堂房子人口密集，居住者多为工人，境况都好不到十分去，即使破破烂烂的物件，也舍不得随随便便一扔了之，能卖一个铜钿当然也是好的，于是弄堂居民便成了收旧货者的主要对象。对于这样的情景，从小住在弄堂里的人这样写道：

> 除了休息日，他们来的时间一般都挑傍晚，其时，工人下了班，学生放了学，蓦地，一声拖着长腔的"旧货——烂东西"，便悠悠地传进弄堂、传进每一个人的耳鼓来。而后，便出现了一条或高或低的身影，一根扁担挑着两只箩筐，一边优哉游哉地走，一边还是抑扬顿挫地叫："旧货——烂东西。"有的才情高些的，还将收购的品种编成了小调，一一唱来。

---

[1] 环球社编辑部. 图画日报：第1册[M]. 上海：上海古籍出版社，1999:212.

[2] 李黎明. 近代上海摊贩群体研究：1843—1949[M]. 济南：山东人民出版社，2003:68.

往往，从这个或那个窗口便有人探出半个身子来，招呼一声："喂，旧货烂东西。"不过，并不含半点轻侮的意思。而那收旧货者呢，也便站定了，卸下担子来，候着生意。[1]

（3）服务业

服务性摊贩的种类也很多，主要是理发摊和各类修理摊，以及一些文化娱乐摊。

理发摊又称"剃头摊"，一般提供剃头、修面（刮脸）、梳辫等一些较为简单的服务。将为男子理发叫作"剃头"自清朝始。众所周知，满族男子的发式是剃去颅前的头发，在脑后留辫子，因此入主中原汉族地区后，明令汉族男子改变明朝的"留全发"习俗，剃头梳辫以示归顺。虽然各地民众曾经激烈反抗，但终究接受了这种发式习俗，故清朝近300年间除了和尚、道士之外，成年男子都是剃头梳辫的发式，于是就有了剃头匠这行手艺人。《沪江商业市井词》

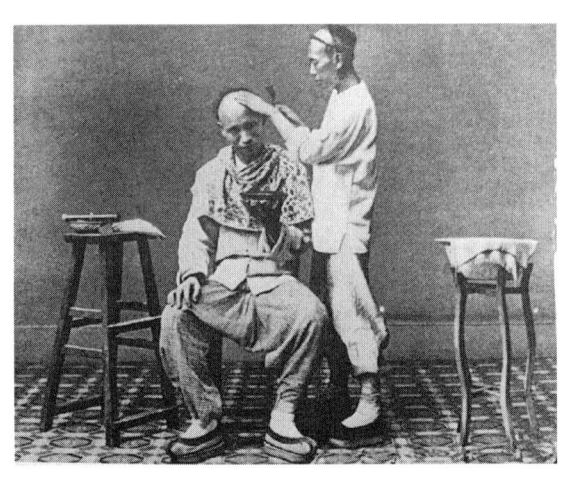

晚清上海剃头摊子

---

[1] 缪国庆.家住石库门[M].上海：上海文艺出版社，2005:9.

曰:"肩随担具剃头来,此是旗人首创开。市上至今犹不少,无资设店籍图财。"说的就是剃头担。

在梳辫子的年代,剃头匠们的"办公地点",有的是在城镇某处固定地点,如街道交叉路口头旁,或在向阳背风的城墙根某处搭个棚子;还有一种最为常见的便是剃头挑子,即将全部的剃头用具都挑在扁担两头,走街串巷,上门服务。流动的剃头匠们一般用一种叫作"唤头"的工具招徕顾客。这是由两根条铁组成的一种响器,一头烧结把儿,另一头微张,全长一尺二寸余。使用之时以左手持握,右手用一根较长的大钉子,从两根条铁缝隙中间向上挑,发出响亮的"嗡嗡"声,这便是剃头的叫卖声了。再看剃头挑子,都用扁担挑着,又叫"剃头担"。一头是红漆长方凳,凳子腿间夹置三个抽屉:最上面一个是钱盒,钱从凳面上开的长方孔里塞进去,第二、三个抽屉分别放置围布、刀、剪等剃头工具。剃头挑的另一头是一个长圆笼,内置小火炉,上面放置一大黄铜盆,水恒定保持一定热度。这便是"剃头挑子一头热"这句俗语的来历了。"热"的一边,水盆之下还有三条腿,其中一条腿向上延伸成旗杆,杆上挂着钢刀布和手巾。

修理业的摊贩为居民日常用具提供修补服务,如自行车、鞋子、伞具、磨刀、钟表、钢笔等皆在此业务范围。修理摊在弄堂的出现一般都在一个固定的时间段范围内,有在弄堂里生活过的居民回忆道:

> 主人上班了,小孩上学了,喧闹的弄堂安静多了。主妇们买好菜,在灶披间(厨房间)或弄堂里拣菜闲聊时,便不时有壮年汉子挑着担子,推着车子吆喝着:"箍桶伐""修——锁,配钥匙""削——刀,磨剪刀""补碗伐——补碗""洋伞修伐——修洋伞""拖畚——扎伐"等,此伏彼起。除了

吆喝声，挑担也各异，有的挑担还发出特有的响声，使人一看一听就能辨别所修了。前弄堂在吆喝，后弄堂又声起，此起彼伏，好不热闹。由于修理活多，故附近几个弄堂常为一两个摊主所掌握。摊主与住家彼此间较熟悉，质量、价钱日久也自成定规。

磨刀剪的也较为常见。摊主多为苏北人。一般是肩扛一条矮的长条凳，挂有盛水的小铁桶和工具盒等。另有一种磨刀者，多为白俄，白俄用带外国腔的上海话吆喝，或直接用俄语叫几声，也别有情趣。虽然生意不多，但往往围有一群小孩，听他吆喝，看他磨刀。五十年代以后，白俄磨刀者基本消失。

弄堂内出现的修理摊子层出不穷，所修所补，尽为住家日常所用，小到碗杯，大到家具，修旧利废，又服务到家，使居家者不用出弄，就能修、补好所急用之物，花费又小，深为居民称惠，也是上海弄堂的一大风景，真可谓：吆喝声交易声操作声声声入耳，旧木器破锅碗坏鞋帽件件整新。[1]

此外，弄堂里还有一些比较特殊的摊贩时而出现。如牙医摊、膏药摊、游方郎中等，虽有招摇撞骗之嫌，但因价格便宜，而且打着中式医疗的旗号，却总有人光顾。其他如说书摊、杂耍摊、西洋镜摊，也属于服务业摊贩，虽然不是经常在大部分弄堂里见到，但一般在一些身处闹市的里弄中也会出现。有一些《竹枝词》描写这些行业，如：

---

[1] 俞成伟.上海弄堂叫卖风情[D]// 李伦新，等主编.海派文化的兴盛与特色：第六届海派文化学术研讨会论文集，上海：文汇出版社，2008:128—133.

弄堂小书摊

挑水夫　沿街挑水亦生涯，每日分班送各家。来往匆忙多溢出，行人路让避三分。

卖鱼担　卖鱼日日唤门前，大小人家爱食鲜。静听东邻初买过，此方问价又论钱。

……[1]

除此之外还有一种"弄堂图书馆"，其实就是用门板拼成的，开市时把两扇板展开，收市时把门板合拢，专卖连环图书的书摊。书摊还各有一两条长板凳，大人和小孩围着这些书摊买书、租书或看书。茅盾曾在文学作品中这样写道："差不多每一街角，每一里门口，每

---

[1] 颐安主人.沪江商业市井词[M]//顾炳权.上海洋场竹枝词.上海：上海书店出版社,1996:177.

一丁厂附近,都有这些两扇门板的'图书馆'……我知道,上海并没有完备的公共图书馆,现在我更知道上海确有此种'通俗'的街头图书馆,并且还撒下了异常紧密的'阅览网'呵!"

(4) 招徕之道

摊贩们通过五花八门的生存技艺,形成了各自的经营之道。除了精巧的专业技艺,与顾客打交道的精明,与"感情牌"之外,为了招徕顾客,摊贩们还各有各的绝活儿,或高声吆喝,或伴以响器吸引人注意,或唱经说段,成为弄堂日常生活之一景。他们常用的招徕生意的手段有:

第一,原始的空口吆喝。吆喝能起到广而告之的宣传效果。各业摊贩的吆喝词丰富多彩,没有固定模式,完全靠自己编造,但又绝不是胡编滥造,而是以吸引顾客为原则。诸如"雪花膏、美人胶、香水、香粉、香肥皂;冰片粉、爽身粉,蚊子一见就会滚,宝宝一宵睡安稳"[1],"芦根当茶喝,明目效果强。夏天小儿用了它,包你皮肤不生疮"[2]等都能起到良好的广告效果。另外,一些非土著的小贩还擅于运用乡音叫卖,其独特的口音成为其商品的独家广告,为自己赢得了固定的顾客群。

有一首香烟的叫卖歌成了小孩子们喜欢的童谣:"小弟弟,小妹妹,跑开点,敲碎玻璃老价佃。——要卖香烟毫燥来[3],飞马美丽大

---

[1] 吴芳芳.童谣里的老上海[J].安徽文学,2010(2).
[2] [美]卢汉超.霓虹灯外——20世纪初日常生活中的上海[M].段炼译.上海:上海古籍出版社,2004:186.
[3] 毫燥,沪语,意为"快点来"。

前门。"

"桂花赤豆汤,白糖莲心粥",此种叫卖声,多出现在晚上8时以后,听到"笃笃笃"的敲竹声,居民就知道卖糖粥的人来了。此刻,住在楼上的居民伸出头来叫着:"等一等,买糖粥。"而楼下居民拿着锅碗直接出门。那挑担的卖粥人就会停下来等候。有时也会出现"人来疯"现象:一家去买,家家都去买,一家不去买,家家都不去买,弄得摊主丈二和尚摸不着头脑,搞不懂是怎么回事。有段顺口溜说得好:"春夏秋冬轮流转,一年四季敲不停,吃碗桂花赤豆汤,冬暖肺腑夏凉心。"

第二,时兴的器具吹打。一些小贩还时常加用一些普通的器具,以金属、实物撞击的声响宣传货品,这些器具被称为"响器"。小贩们用不同器具的不同敲打方式来区分其售卖的商品,街区居民根据自己的经验一般都能轻而易举地分辨出来是谁的担。

民俗学家王文宝先生曾撰文《北京传统商业宣传响器述略》[1],将北京传统商业响器做了分类,大致分为:一、敲击类:有锣(大锣、小锣、钲、云锣)、鼓(筒鼓、扁鼓、鼗、铜鼓、铁鼓、小鼓、渔鼓)、镲、木鱼、梆子、板(包括木、竹、铜、铁各种质料)、铃(贾铎、手摇铃、悬铃、串铃)、铜盏、唤头、敲击物件(铁锅、碗、瓢、盆、壶底、钉尺、牛胯骨、签筒)等;二、吹鸣类:如笛、苇笛、唢呐、喇叭、琉璃喇叭、口琴等;三、弹拉类:如胡琴、三弦、四弦琴、弹弓(弹棉花小贩所用)等;四、综合类:如底鼓、大锣、钹并用,或扁鼓、小锣、钹并用,也有锣鼓并用,鼓钹并用,洋鼓洋号并用等。以上数端,可谓丰富,不一而足,上海的商业响器亦

---

[1] 王文宝.北京传统商业宣传响器述略[J].西北民族研究,2011(1).

上海特产城隍庙梨膏糖

不外乎如此,其中有一些响器类型深刻地留在大家的记忆里。

比如从事零售百货业的货郎所操"拨浪鼓",历史久远。早在南宋时期画家李嵩《货郎图》中的货郎担子上的"杂货"之中,已有一种"货郎鼓"似的玩具——由四个鼓面方向各异的小鼓组合而成的串鼓。此例既可说明在"货郎儿"这个行当出现不久,其招徕响器就成了一种玩具,同时,也可据此推断,先有这种儿童玩具而后被兼售儿童玩具的"货郎儿"用作招徕响器。"货郎儿"作为市井习见的商业民俗,以及有关"货郎儿"的说唱艺术和戏曲的广为流行,"货郎儿"的招徕响器——"货郎鼓",也益发成为受儿童喜欢的常见玩具,一直流行到"货郎儿"这个行当业已消逝的今日。

第三,唱曲儿说段子。一些具有表演天赋的小贩甚至在推销中掺入了几分娱乐的成分。他们或者编段子,或者讲故事,或者唱曲儿,兼做生意人和大众娱乐明星,很受欢迎。上海居民特别熟悉卖梨膏糖的小贩,他们每到一处都用熟练的苏北方言唱道:"呜呀呜哩哐呀,梨呀梨膏糖呀——老爹爹吃了吾的梨膏糖呀,一觉困到大天亮呀;老奶奶吃了吾的梨膏糖呀,耳不聋来眼不花呀。"吆喝往往用手风琴伴奏,总是一个曲调,可以更换不同的歌词,唱出不同年龄不同职业的人吃了梨膏糖后的种种好处,以及不吃梨膏糖的种种坏处[1],风趣而独特的唱腔吸引了过往人们流连忘返。

值得一提的是,在中国传统民间音乐中,有一种名为"货郎儿"的说唱艺术,"货郎儿"后来也成为一种说唱的职业,其唱腔发展成为"货郎调",在元杂剧中有一种著名曲调就叫作"九转货郎调"。此外,"货郎儿"在宋元之际还是一种演剧形式。以上种种说明中国传统零售百货的流动摊贩——货郎在进行兜售生意时,经常会运用说唱等表演形式,以至于"货郎"这个词具有了职业与音乐形式的双重含义。

第四,杂耍与绝活。为招揽生意起见,一些实为生计所迫的小贩铤而走险,甚至不惜伤害自己的身体。"有人将洋钉和着碎玻璃大把往口里倾倒,只为的引起那些有残酷欣赏欲的观众,买他的廉价的药丸。"[2]街头亦常见蒙眼投掷飞镖、胸口碎大石的桥段,显然这类"绝活"并不是常人所能消受得了的,能舞弄这类"绝活"的摊贩也只是极少数。但毋庸置疑,这样的噱头能提升其货品的知名度,从而于无形之中增加其销售量。

---

[1] 江礼旸.海派饮食[J].上海:上海画报出版社,1991:118.
[2] 新吾.一条热闹的大街[J].武汉日报,1948-9-24.

四 乐也融融：居民日常游艺

人们在谋生辛苦劳动之余，还需要休闲娱乐，游乐民俗是各种民间娱乐活动之总称。从口头的"讲""唱"到民间的曲艺表演，从少年儿童寻常游戏到成年人的娱乐竞技，皆可称之为"游艺民俗"。

在中国古代社会中，中国传统乡村居民的主要生产方式是农业劳作，这种职业方式与土地紧密相连，因而活动范围相对固定，地域之间的社会交往和人员流动程度也相对较低，逐渐形成了乡村社会交往及休闲娱乐活动长期处在一个相对封闭的环境中的习俗模式。其地日常的休闲活动,一般多以家庭、族亲、邻里为轴心来组织,其形式自然是规模较小的喝茶、聊天或宴客等;只有在农闲季节才有民间节庆或宗教节日来承载大型的公共娱乐活动,如迎神娱神、社戏演剧、游艺竞技等。但总体来说,不论是日常的休闲娱乐,还是集体的节庆狂欢,其主体功能皆为农闲休憩与农业生产诸习俗之延续,因此即便是戏剧等表演形式其目的功用只为娱神与自娱,而非消费之用,因此在广大的乡村便很少有常设性、规模化和常规化的文化消费娱乐场所存在。在小农生产方式下,经济增产的方式,主要依赖于劳动时间和劳动量的投入,休闲娱乐在这样的生产方式中,往往被认为是奢靡,为正统伦理排斥于价值观中心之外,故此形成了有限的休闲娱乐活动严格地受制于节气、昼夜等自然条件,这是与城市娱乐民俗差别之根本所在。

而在城市里,主要以商业与工业组织生产劳动,人们的职业大凡如是,这种生产方式对人们的休闲生活产生了重要的影响。一方面受商业活动和市场职业方式的约束,人们的活动范围不再与土地相连,而是有了更多的灵活性与自由度;再者,城市居民的生活节奏与乡村生活那种依赖于节气农闲农忙的时间方式有极大的不同,前者的劳动和闲暇时间区分更为明晰、固定化。

1　雅俗之间的娱乐

上海作为近代中国最大的商业都市,其社会生活首要特点便是市民性,市民们的娱乐生活既不同于乡土休闲游艺,也不是精英的所谓"高雅艺术",而只是在"现代化"城市生产生活之余调节身心的消费型娱乐方式。近代上海租界居民的休息娱乐从昔日岁时佳节的偶一休闲,变为每周甚至每天都能有的日常享受。对礼拜天的娱乐安排,连娘姨也不会马虎:"第一关心逢礼拜,家家车马候临门。娘姨寻客来相请,不向书场向戏院。"商家为了吸引消费者、抢占市场,使尽浑身解数,各类娱乐场所及各个娱乐门类非常重视观众的娱乐需求,不断改良,由此推动了上海娱乐业的发展,说书场、旧式茶园、新式剧场、游乐场、电影院、舞厅等场所的设置,评弹、游艺、京剧、沪剧、越剧、广播、小报等娱乐方式,皆是上海里弄居民日常生活之重要组成部分。

(1) 公共娱乐方式：空间之拓展与形式之多样

近代上海从晚清时期开始走入了多彩多样的市民公共娱乐，此种境况在晚清民国沪人游记、笔记等处均有体现。如晚清掌故笔记《请缨日记》虽然所记大都是有关战守问题，但也有琐碎记录述及1882年前后上海的游乐情况：

> 光绪八年十月初一日，到上海，寓泰安栈，寻李葆臣，游华众会茶园。忆起十五年前，以庶常散馆北来，暂泊沪上，未获编游，今天假之缘，重莅土，虽妖焰劫氛，目不忍睹，实则花稠锦叠，水软尘香，为南赡部州另开境界。市尘楼阁，灯火花枝，种种异致，盖以西人之绚烂，参以是乡烟水之温柔，诚天下繁华第一区也。初二日，李葆臣来寓，与琴石同往天桂茶园看戏，在宪甫宅晚饭，游华众会茶园。初八日，赴跑马厅，观洋人操兵。游静安寺，前有茶楼，裙屐杂逻，士女车马，络绎道上。十六日，早饭后，偕琴石至恭泰栈王吉甫处，留食鱼生。同至烟馆，观电气灯，如日不足，比月有余。烟馆甚洁，似有一二万金资本者，伧夫横陈，满堂满室。二十三日，潮州秀才萧稻农约坐马车，至静安寺观古井，泉形如沸，岁时皆然。传梁高僧卓锡于此，虾蟆出听讲经。石甃题曰："天下第一泉"。登楼用茶饼，裙钗绕座，楚楚可人。风寒不耐坐，乃归。

从这则日记中可以看到，晚清时期上海的公共游乐场所有茶园、跑马厅、茶楼、烟馆及一些名胜景点，可以从事的游乐活动有看戏、喝茶等，娱乐形式已比之前有所不同。

19世纪60年代起，租界在孕育中逐渐崛起。伴随着中外贸易的增长，租界商业日益兴旺；在当局的统筹规划和治理下，市政建设等渐成规模。至70年代，上海已成为全国最为繁荣之通商巨埠，商家林立，以"洋场"闻名全国。租界的繁华景象令人叹为观止，"上海城北，连甍接栋。昔日桑田，今成廛市"，"烟火数万家，几为大聚落"；"沪北弹丸蕞尔之地，而富丽繁华甲于天下"。随着租界的崛起和日益兴盛，商业中心逐步从老城厢移向租界。商业的繁盛带来了休闲娱乐业的发展。及至民国时期，茶馆、书场、戏院、影院和游乐场为当时主要的几个公共娱乐空间，其中有评弹、申曲、京剧、越剧、电影以及各地小戏供人观看赏析。除了京剧、电影之外，这些戏剧大多数都为一般市民休闲娱乐的主要方式。即便是看电影，虽由于价钱昂贵而不多看，但也有普通市民可以消费得起的影院或者座位，逐渐成为弄堂居民的游乐项目之一，但其主要观众还是广大年轻观众或新派知识分子。而一些地方性戏曲也在"抢滩上海"的过程中，从民间小调之类说唱升级为消费性质极高的公共娱乐剧种，其中最为典型者有评弹、申曲、越剧等，它们由于具备民间性、地方性和通俗性而成为弄堂居民的主要休闲剧种。

①孵茶馆

在晚清上海都市化的进程中，各类传统休闲空间发生了相应的变革。作为有着悠久历史且已日常化的休闲场所，茶馆同样发生了改变，以精致、富丽和娱乐多样化成为晚清上海重要的游艺场所之一。

茶馆是中国传统的休闲场所，开埠前上海就有茶馆存在，但只是零星存在，并不繁盛。开埠后二十余年间，上海人口经历了第一次人口移民高潮，老城厢迅速发展，成为此时城市的经济中心，而其核心区域城隍庙一带因具有人文地理特征及绝对的区位优势，逐渐成为集宗教信仰、风景名胜、商业集市于一体之城市中心，成为此时期茶馆的集中场所。此后随着"十里洋场"的上海成为国际化大都市，经济的繁荣和市民文化的昌盛，茶馆越开越多。据不完全统计，宣统元年（1909年），上海当时共有茶楼64家，到五四运动时期（1919年），短短十年间，上海的茶楼便从之前的64家增至164家，至1949年仅南市老城厢就有各式茶馆169家。

茶馆按照茶客的不同，大致可分为两大类：一类是中高档茶馆，这类茶馆大多数地处繁华市面或风景优美之处，楼宇高大，不论是外部装潢还是室内装饰都比较讲究。在这些茶馆喝茶的，大多都是达官贵人、社会名流、文人雅士以及社会上有地位的帮派头目。而价格稍微亲民的茶馆数量也特别多，遍布街市里弄，多为一般社会民众公共休闲之所。然不论是高中档的茶馆还是较低档的茶馆，由于地处闹市，皆为石库门居民的游艺场所。另有一类被称为"老虎灶茶馆"之处，更深入石库门居民的日常生活。

一般来说，茶馆的原生功能在于喝茶吃食，但在上海这样的大都市闹市区，茶馆被各行人士赋予了多种社会功能，呈现出人生百态。当时在上海茶馆内发生的最多的社会功能为交流信息、谈生意和听书。

茶馆一般开在繁华之地，因其五方杂处的特殊环境，使它成了捕捉各种消息之来源地。这里的新闻集散功能甚为强大，平日居民茶余饭后来"孵茶馆"，谈天说地，讲古论今，此地便成为重要的心理调适场所。更重要的是在当时的移民众多的上海社会，背井离乡的人们在生活休闲之际愿意来到茶馆进行交流与沟通，由此形成了当时茶馆里两个比较有趣的风俗现象,这就是"吃包茶"与"礼拜茶"。

吃包茶意为"每天在固定的时间里,必到一家茶馆去茗饮"。吃包茶的群体以工友和捐客为多,他们人数既众,每天必去,故以吃包茶来得合算。他们一般预先在一家茶馆某堂口内,认定一只台子(也有认定困榻的),并认定每天泡几壶,约在何时必到,以及每月茶资若干、小账多少。接洽妥当后,每天到时,堂倌必先将茶壶、茶杯放在台中以做标识,等包客来吃。一般当地居住较久之人,跑到茶馆里去,看见茶台上放着一堆茶壶茶杯,台上虽空无一人,也不随便去坐。倘你不知缘故,要在这台上吃茶,堂倌必定婉拒,盖因此台已有固定茶客[1]。这类茶客多为常客,他们几乎天天都要上茶馆,因为考虑到价钱的合算又图方便,就选择了十分经济划算的"吃包茶"形式。

"礼拜茶"也属于一种集体的吃茶交流活动,是来自全国各地的同乡们在每个礼拜约定时间相聚于茶馆,联络情感、互通有无的定期茶话会,是近代上海十分流行的一种沟通交际形式。时人桥烟记载说:"茶室里去坐一回,他乡遇故知,亦一乐也。大家称之为'礼拜茶'。我与同乡常常会在霞飞路的'冠乐'茶馆不期而遇。后来我们约定每一次换一个地方,在一年之内,几乎把上海几个茶室都走遍了。当时物价还便宜,每次只费几角钱。后来几位同乡,先后回老家去了,这个茶会就散了。我又改入了苏州人的茶会,苏州人也有许多相熟的,从苏州人报道里,也能得到一些第二故乡的近况。起初在'绿舫',后来在'雪缘',在参加'礼拜茶'时同乡们相聚在一起,可以通过他人来了解时下最新的新闻动态"。[2] "礼拜茶"使身

---

[1] 郁慕侠.上海鳞爪[M]//上海报馆出版部民国24年(1935年)下集:吃包茶.

[2] 桥烟.礼拜茶[J].礼拜六,1946(20):13.

处上海的各地同乡们聚集到一起,大家不仅能得到情感上的满足,还可以在交流中获取一些家乡的消息或是时政的新闻,还有许多生活中的常识经验也是从茶馆彼此的交流中获取的。茶客类型多种多样,又来自于不同阶层,从事着不同的职业,他们常有些专门的经验,在闲聊时会无意发挥出来,也许平时要耗费许多工夫才能知道的知识,在茶馆里便可以轻松地获得了。当时,一些外国人受中国习俗的影响,也常常去坐茶馆,在其中与中国人交流沟通,友好往来,希望能更快地融入其文化生活之中。如1847年来沪的美国传教士晏玛太曾在上海城内租屋居住,当时就经常来茶馆、酒楼与华人交谈,学习当地方言[1]。在这里,茶馆的交流功能得到了最大的发挥,以至于有一群专门从事"消息收集工作"的人群如报社记者、巡捕、便衣等成为茶馆的常客,他们利用茶楼里人群混杂、社会各层人等都有的有利环境,进行自己的工作。有些记者,尤其是晚报、小报记者在茶馆听到消息趣闻后,往往就当场起草文章,然后再直接送到报社。那些便衣侦探经常在茶馆中寻找一些办案线索,收集重要情报,甚至有时将茶馆当成了办案场所。种种街谈巷议、八卦传说在此地都可以发酵升温,因此茶馆故事往往成为当时上海街头小报、市民小说之类通俗读物的主要内容。

此外,茶馆还兼具一些行业的消息功能:一些商人利用此地场所进行商业交易交流,一些从事零散职业的茶客也往往将此地作为他们的"劳务市场",还有一些从事房屋中介的"白蚂蚁"经纪人在茶馆收集"商机"大显神通,因而旧上海的茶馆可称得上是半职业化半民间化的"交易市场"。每日清晨,如布业、糖业、豆业、钱业、丝

---

[1] 罗苏文.上海传奇——文明嬗变的侧影:1553—1949[M].上海:上海人民出版社,2004:56.

业、茶业……各行各业的大商人都到城隍庙的春风得意楼晤面、应酬，通过吃茶谈交易，达成一笔笔的买卖。一些实业家也到茶楼与人会面，联络感情。像著名实业家刘鸿生当时就经常出入青莲阁茶楼与人进行煤炭交易。所以，旧上海的茶楼固定的茶客主要都是些商人。

　　在这批商人茶客中，有一种被称为"白蚂蚁"的经纪人，他们每日清晨必到，把茶馆当作交易场所。他们到处打探谁家有房屋出租或出卖，谁家欲租赁房屋或购屋，在此聚集时，趁品茗之际"交易"。如能介绍成功一笔生意，可以从房屋的顶租费或买价中提取10%作为劳务费。由于"白蚂蚁"的活动，旧上海中凡有房屋出租出卖或需租赁房屋、购屋的主顾，就到茶馆来吃茶，找经纪人。谈成了，就在茶

清末上海的青莲阁茶楼

馆订契约签押。当时上海人称之为"顶屋市场"。

在一些店铺、作坊、工厂集中的街市地区，来一般中低档茶馆吃早茶的，主要是一些木匠、瓦匠、篾匠等手工工匠。他们以打短工糊口，来茶馆吃早茶、早点（这是次要的），以便寻找雇主（这是主要的），讲好工钱就随雇主上工，或顺便与工头们定好今后的去向。他们与那些掮客、商人和手提鸟笼的茶客分角落入席，绝不混杂。

老上海的茶馆五方杂处，人来人往，茶客们在此饮茶吃食，谈古论今，交流信息，使得此地兼具休闲娱乐之多重功能，游艺活动亦充斥其间，有说书、评弹、花鼓戏、丝竹等娱乐项目，不绝于耳，给这一功能场所又增添了都市艺术的娱乐。

旧上海的茶馆除"老虎灶""来扇馆"以外的所有茶馆，早晨都兼卖茶点。绝大多数的茶馆早晨卖清茶和茶点，中午打烊停业休息，下午、晚上则设书场，但高档茶馆不设书场。

凡设书场者，茶室正中靠墙一面砌一小坛，为应聘的评弹艺人、说书艺人的表演之处。《上海指南》中载曰："说书，弹唱。即讲古之类。说书例如讲《三国》。用口角仿述个人脾气。张飞自张飞。刘备自刘备。惟妙惟肖。唱弹词例如《珍珠塔》至得意处佐以三弦弹唱。令人免至枯寂。"[1]

苏州评弹在刚进入上海之时，茶馆为主要的演出场所。茶馆门口挂一块黑板，用白粉写上艺人姓名和所说书名。茶楼每日卖多少茶资与茶楼艺人关系很大，艺人也是以茶资多少来分成的，所以旧上海的茶馆艺人与茶馆老板的关系都比较深。那时每逢阴历年的前四五天，有艺人联合说书之举。规定每一场为四档书，茶馆老板争相邀请说学

---

[1] 上海信托公司编.上海风土杂记[M].上海：东方文化书局，1930:59.

逗唱兼擅的名艺人登台表演。有说长枪袍带、公案侠义、神仙鬼怪书者，也有唱《三笑》《杨乃武与小白菜》等缠绵儿女的小书者，或弦索悦耳，或惊堂醒目，各尽其能，各显神通。由于所有艺人都各自拿出绝招，因而这一时间茶客特别多。但所有收入全部分给堂倌们做过年之用，这种举动呈现出同一行业中不同地位之间济困扶弱、亲密无间之情谊。

②听说书

评弹，全称苏州评弹，是苏州评话和苏州弹词的合称，是以苏州方言为主要特色，伴以弹唱讲述故事的一种曲艺形式。民国时期《吴县志》卷七十九《杂记二》载曰："明清两朝盛行弹词、评话，二者绝然不同，而总名皆曰说书，发源于吴中。"其中苏州评话又被称为"大书"，弹词又被称为"小书"，评弹艺人的演出通常被称作"说书"，艺人被称为"说书先生"。

评弹在我国江南地区有着悠久的历史渊源，从其自身的发展来看，18世纪中叶至19世纪中叶，评弹就表现出以苏州为中心并向周边江南吴语地区传播的特点，缘其适应了当时苏州城市经济繁荣、文化消费需求增长的要求。在这一过程中，评弹一方面作为传统时代的大众消费性娱乐文化，始终保持着与生俱来的民间俗文化本质，游走于广大江南城乡之间，包蕴着深厚的社会生活基础；另一方面，在其不断发展成熟、艺术水平不断提高的历史进程中，这种民间艺术又不能不受到当时处于主导地位的儒家传统伦理道德意识形态之影响，朝着"雅"的方向调适发展。

19世纪中期以后，以上海开埠为转折，随着社会的变迁，评弹呈现出由苏州到上海发展的新态势，沪地成为新的评弹活跃中心，并且在此地彻底发生了从民间艺术到城市消费娱乐艺术的变化，这与开埠以来江浙社会向上海的大量移民是分不开的。移民多自江浙来，评弹本又属吴音，长此以往，这种民众艺术必然在沪地获得新的繁盛。

其实在明末清初，由于苏州文化的辐射，当时的上海地区已有说书活动，但艺人并不是很多。据《瀛壖杂志》记载，当时说书多在城中土地堂、罗神殿内，据说明末说书名家柳敬亭就是在云间（今上海松江）的一座土地堂内听到了民间艺人莫后光的演出，当即拜其为师。可见晚清之前的上海，说书还处于原生态的民间艺术状态，仅以土地堂和罗神殿这样的民间信仰场所作为临时演出场地，并未有专门的说书场。自19世纪中叶以后，上海的评弹逐渐兴盛，这体现在演出场所的多样与专门化上，据统计当时上海可听书的场所有茶楼书场、专业书场（清书场）、饭店书场、舞厅书场、游艺场书场等，随着当时"新传媒"广播技术的兴起又有"空中书场"，然而最贴近民生、最为里弄居民青睐的还是茶楼书场、专业书场和游艺场中的听书活动。

茶楼书场是上海最早出现的一类书场。见诸文字记载的第一家是在城内（今人民路内圈）的陆深旧宅。据《蘅华馆日记》所载，咸丰九年（1859年）十月初七，"酒后，往陆氏旧宅听讲平话，是地系陆深旧居，今其子孙式微，其宅为茶寮矣"！茶寮即为茶楼书场，一般上午卖茶，下午、晚上说书，其习俗盛行于清末民初。当时著名的茶楼书场有晚清的澧水台、畅福园、攀桂轩、垣吉昌、猛将堂、皆宜楼、洗心泉、赛月宫等，民国时的太和楼、听雨楼、吉祥轩、留春园等，这些书场设备总体来说都比较简陋，仅置饭桌与长凳，容百十余客，听众以中下层市民为主。

茶楼书场的涌现，适应了当时上海一般市民的文化需求，它是各类书场中分布最广、历史最久的一类，如今仍在上海的书场业中占有一定比例，不过时至今日，书场之所在以郊区为多。

专业书场，又称"清书场"，它只演评弹，或以评弹演出为主，兼营其他业务。上海最早的两家清书场为1886年开设于福建南路的玉茗楼与1890年开业于福建中路的汇泉楼。早期的专业书场，大多从茶楼书场转变而来，设备与听众都与茶楼书场相仿，区别仅在于茶楼是下午、晚上说书，平话、弹词都有演出，而专业书场则全天演出，基本以评弹为主，除此以外别无不同。至20世纪20年代以后，新开的专业书场设备才有了较大的改善，多数以长排靠椅替代长凳，夏天还配有风扇。此后专业书场越来越多，设备也越来越好，与茶楼书场成为市民听书之主要去处。以位于邑庙（城隍庙）九曲桥畔的怡情处书场为例，它创办于清末，书场面积约150平方米，状元台边置有两百余只长凳、方凳、靠椅。同地段九曲桥北首的柴行厅书场占地面积也约在100平方米，状元台设200余座，侧房一间设50座，为上海早期专业书场之一。此类专业书场票价极低，为铜元十几到二三十枚不等，不仅远远低于戏院、影院的票价，也比饭店之类的附设书场来得实惠，因此迅速适应了收入不高的都市平民阶层的娱乐消费水准，这一点与茶楼书场相一致。因此旧上海这两类书场最受欢迎。

据统计，自1860年到1990年间，这两类书场在上海总共有过500余家，占听书场所总数的70%左右。但这类书场几乎都不在当时的报纸上刊登广告，盖因其主要做"街坊生意"，不愁客户所致。当时评弹的观众主要是太太、奶奶、小姐等都市妇女以及伙计、店员等处于社会中下层的普通市民，他们自然是石库门里弄的主要居住者。在上海市中心里弄分布的密集区域，书场也遍布其中，皆距这些观众家门或工作场所不远，对他们来说，闲来到书场听书是既方便又实惠的赏心悦目之事。从书场内演出的评弹剧目来看，历史、公案侠义、神异、情爱等题材居多，如《隋唐》《玉蜻蜓》《描金凤》《封神榜》《三国志》等，多由清末说书艺人创作。从书场刊登的广告招贴来看，此类剧目历久不变，很少排演新戏，传统剧目轮番上演，但观众对其仍百听不厌。许多看戏的女眷由于经常听书，"对于扮的角色的姓名、演技的优劣，都能历历指讲，如数家珍地批评"[1]。

③逛戏院

看戏是昔日上海弄堂市民最喜爱的娱乐活动。开埠以后的上海，移民五方杂处，一些地域的乡间戏曲随着移民大潮也逐渐走上了海上舞台，在此地重新生根、发芽、开花、结果，从昔日的乡野小戏一跃成为剧场大戏。

近代以来，上海的戏曲演出场所也历经数次变迁。清代前期的商业性戏剧演出场所为酒馆式剧场，上演剧种多以昆曲为主，因此时苏州文化的中心地辐射作用仍在。19世纪50年代以后，随着上海都市的发展和观众娱乐需求的增加，酒馆式剧场逐渐开始长期演出戏曲，此后昆曲逐渐走向衰落并为京剧所取代，酒馆剧场也因此式微。伴随着京剧的传入和逐渐崛起，茶馆剧场在上海兴盛起来。20世纪初，随着上海城市化的推进、商业的繁荣以及戏曲演出市场的扩大，新的戏曲演出场所——新式剧场涌现沪上，成为迥异于旧式茶园戏院的观剧空间。新式剧场相比旧式的茶园剧场来说，在建筑及内部设施方面大有改进。此后的民国时期，新式剧场一直是戏曲的主要演出场所，演出了京剧、申曲（沪剧）、越剧（绍兴文戏）、文明戏、话剧以及各种地方戏曲，这些都是上海弄堂市民喜欢的剧种。

京剧是晚清民国时期上海最为热门的剧种之一。1867年开设于五

---

[1] 冷观. 说书场 [J]. 上海生活,1937(5).

马路（今广东路）的"满庭芳"是租界开设的第一家戏园，创办者为英籍华人罗逸卿，此处以京剧为号召，"都人士簪裾毕集，几如群蚁附膻"。此后京班拥有了众多戏园，丹桂、金桂、天仙、大观被称为四大名园，另有专邀女戏班的群仙茶园，首开男女合演之例的咏仙、叙乐等，此外还有了当时第一个新式剧场。葛元煦《沪游杂记》在谈到清代同治前后上海戏曲界的变化时说："文班唱昆曲皆姑苏大章、大雅两班所演，始于同治二年（1863年）。自徽班登场而文班减色，京班出而徽班皆唱二黄。"说的就是同治年间京剧在上海"打败"昆曲、徽剧时的情景。据统计，"从同治中叶至光绪末年，上海先后开设的京班戏园不下五十个"[1]。虽然满庭芳等茶园剧场一开始不但在戏园建筑上"仿京"，在演出上也是完全的"京朝派"，但初入上海的京剧很快便开始了海化的过程。京剧的进入充分迎合了上海居民趋新、趋奇的集体性格特征，自此拉开了"海派京剧"之帷幕。晚清末年徐珂在《清稗类钞》中说："观剧有两大派，一北派，一南派。北派之誉优也，必以唱工佳，咬字真，而于貌之美恶初未介意……南派誉优，则身段好，容貌善也，而艺之优劣乃未齿及。一言以蔽之，北人重艺，南人重色而已。"这说出了上海京剧与帝都京剧的不同之处。20世纪初开始，京剧的演出场所由封闭的旧式茶园转向新式剧场，其中建筑将观众对舞台的视觉感受置于首位。演出场所的改变以及市民生活水平的提高，使观剧群体扩大，不再局限于官僚、富商阶层，一跃而成为更多市民阶层的娱乐方式[2]。

　　清末，一种新的戏剧样式出现于上海，时称为"新剧"或"文明戏"，作为现代话剧的前身，它的诞生是在京剧和日本新派剧影响

[1] 高春明主编.上海艺术史[M].上海：上海人民美术出版社，2002.
[2] 熊月之主编.上海通史：10[M].上海：上海人民出版社，1999:206.

下的新型宣传工具。日本在明治维新后,由于社会变革的需要和孕育培植近代民族国家意识的需要,兴起了一场戏剧改良运动。它取法西洋现代戏剧,使日本戏剧实现了由传统的歌舞伎到新剧即话剧的转型。这种形式在不久后也为中国戏剧界所认同。1906年,留日学生曾孝谷、李息霜等在日本新剧的直接影响下,于东京成立春柳社。1910年,任天知于上海成立进化团,并学习新剧方式,在广告和戏院门口旗帜上打出"天知派新剧"的招牌。1913—1914年间,郑正秋等人组织新剧社,许多新剧团也纷纷组织成立起来,如民鸣社、民兴社等的成立,春柳社、开明社也从外地回到上海。至1914年4月,上海有剧社十多家,艺人上千名,演出剧目数百出,沪上的六大文明新戏剧团还组成新剧公会进行联合公演,形成了被新剧界称为"甲寅中兴"的热闹局面。当时许多剧目多采自社会新闻、弹词、鸳鸯蝴蝶派小说等,观众主要为妇女。文明戏在剧作结构上非常重视舞台效果和观众对通俗文艺的欣赏习惯,表演水平也有大幅度提高,并采取幕表制,注重布景,演出体制也逐渐建立起来。

随着各式戏曲以及电影等娱乐方式的兴起,新剧的竞争优势逐渐丧失,加之更加纯粹完整的话剧的出现,新剧逐渐衰落,退回游乐场中演出,但在当时的上海仍有一定的观剧群众。原因就在于虽然当时文明戏和话剧均称为话

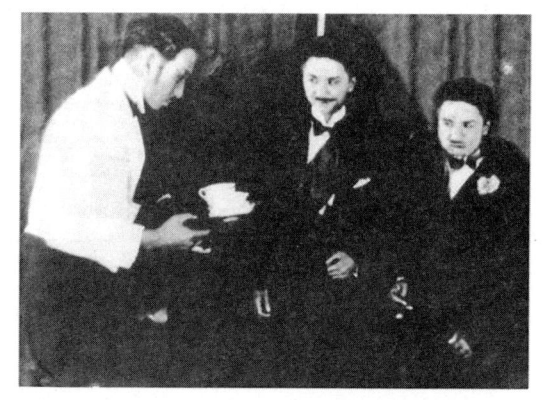

1910年进化团在上海新新舞台演出新剧《安重根刺伊藤》

四 乐也融融:居民日常游艺 | 135

1914年民鸣社新剧剧目广告

剧或者新剧，但二者还是有所不同的。从题材和内容上来看，与新剧初兴时多时事剧不同，20世纪二三十年代的文明戏以言情、武侠、古装等居多，皆内容通俗、娱乐性强，如《啼笑因缘》《王莲英被害》《玉蜻蜓》等，这些戏或根据鸳鸯蝴蝶派小说改编，或取材于轰动一时的案件，或来源于历史故事，通俗易懂，颇适合市民欣赏口味。相对于京剧、绍兴文戏、评弹等戏曲而言，文明戏有与社会现实联系较为密切之戏剧特点，如二三十年代较为轰动的阮玲玉自杀、施剑翘刺杀孙传芳等事件都被编排进了文明戏里，这种与社会新闻互动的"即时性"也使得它拥有固定的市民观众群体。

④**看电影**

20世纪初，电影这种新型娱乐方式传入中国，上海成为当仁不让的"中国电影之都"。虽然20世纪初年在北京等地也较早出现零星的电影放映与拍摄活动,但这种新型的艺术与娱乐形式最早在中国扎根并发展起来,还是在"开天下风气之先"的上海。盖电影制作、发行、放映作为一个完整的产业,只有作为近代中国经济、文化与艺术中心的上海,才能为其提供肥沃的土壤。这不仅需要巨大而且持续的资金投入,更需要有庞大的观众群作为支撑。而具有一定鉴赏品味又有时间盈余的普通上海市民,便成为看电影这项新型娱乐方式的最大消费者与支持者。

作为五方杂处之地的居民,上海市民自然更容易接受新鲜事物。1875年正处于同治皇帝国丧期,本该依照制度停止一切声色娱乐活动。然当时在《申报》的舆论支持下,上海戏院凭借着租界的特殊环境,先是将三年国丧制变通为百日制,并于此期间轮番上演西洋影戏、欧洲魔术、杂技、马戏、灯彩、焰火等娱乐节目。2月11日丹桂茶园更是首开英国影戏播放,次日金桂轩开播法国影戏,16日富春茶园开播美国影戏,虽然当时的"影戏"并非后来的"机器电光影戏",而是幻灯[1],然而这种做法开租界茶园播放多种新型娱乐节目之先河。

从1880年电影发明到1904年期间,是电影的初步发展期,上海民众也很早就赶上了这股娱乐与艺术热潮。1897年礼查饭店放映了上海首次"机器电光"影戏。但此后一段时间,电影放映还是以园林、茶馆、酒楼、公园为主要场所,由于放映条件有限,而显得不是那么"专业化",穿插于中国传统娱乐之中,而显得"无足轻重"。

1908年,西班牙人雷马斯在乍浦路宁海路口溜冰场搭建了一座仅有250个座位的活动影戏院,人称"铁皮房子"。虽然条件十分简

---

[1] 周向频,胡月. 近代上海市游乐场的发展变迁及内因探析[J]. 城市规划学刊,2008(3).

1910年时的礼查饭店

陋，但还是受到上海市民的青睐，一时间观众踊跃，营业颇为红火，不久影戏院就进行了改建与扩建。之后又经过一系列扩大经营活动，雷马斯的影院经营渐成气候，他的巨大成功也刺激了其他商人来从事影院行业，并使这一行业蔓延开来。据统计，从1908年虹口戏院出现，至1921年同是雷马斯经营的恩派亚戏院的出现，短短14年间上海先后共兴建了十多座戏院，发展速度可见一斑。

20世纪二三十年代上海影业大发展，不仅体现在电影放映方面，在电影制作上也取得了新的突破。早期的电影院主要放映一些西方舶来片，风景片、新闻片、侦探片，在上海影院混搭登场，虽很新奇，但毕竟脱离本土生活。长期以往，市民难免产生乏味之感。此时，电影业的巨大利润也吸引了中国资本家的投资目光。1913年，宁波商人张石川邀请郑正秋、杜俊初等人组建新民公司，编导了中国第一部故事短片《难夫难妻》，这是一部揭露传统婚姻危害的影片，颇合时代背景与市民口味。同时，该公司还有记录新闻片产生。以此为源头，迅速掀起了上海本土"海派电影"之热潮，各家公司纷纷成立，作品不断。至1929年，沪上电影年产量突破百部大关，达111部之多[1]。

张石川导演的电影《难夫难妻》剧照

1930年，联华影业印刷有限公司成立，与"明星""天一"形成三足鼎立之势，称雄中华电影界，此时也形成了20世纪上海电影的第一个"黄金年代"。这一时代的铸成与观众的踊跃参与是分不开的。据一篇题为《电影院里的形形色色》的文章介绍，电影院里的观众大致有以下几种：

一、摩登青年们——他们常挽着异性而往，目的在藉影片里的恋爱故事，以推进他俩恋爱的程度。二、太太们——

---

[1] 吴贻弓主编. 上海电影志[M]. 上海：上海社会科学院出版社，1999:146.

她们看京戏，看神怪舞台剧看得腻了，于是到影戏院里来逛逛，借资调节。三、绅商们——有闲的绅士阶级，有钱的大贾们，他们每星期看一二回影戏，散散心，解解闷儿。四、穷小子们——穷小子根本没有余钱给他们逍遥作乐，怎么会做电影院的入幕之宾呢？不过，据我自己的经验，每在心中烦恼，再也气闷不过的当儿，也会发狠到蹩脚影戏院去看一回戏。目的在暂时忘了苦痛，给与身心以刹那间的陶醉。五、评影专家——评影专家的光顾电影院，负有一种使命，和上述四类人物的使命迥乎不同。他们全神贯注于剧情的好坏，导演手段的高妙与否，主角配角表情若何等问题，以为做评论的根据。[1]

这篇文章载于1930年代的《申报》，说明在当时沪上，电影这种娱乐方式已经走入当地民众的日常生活。但住在弄堂里的市民群体无疑是当时电影的一大消费人群。这应该与当时上海电影题材的"本土性"有莫大的关系。上海，作为有着如此广大城市空间和社会人群的国际大都市，鲜明而特殊地体现着"现代性"，与当时中国社会中还普遍存在着的"传统性"，有着冲突与矛盾。这种冲突与矛盾刺激着艺术创作，在当时皆成为电影叙事之素材与主题。无论是1920年代的《野草闲花》《体育皇后》，还是1930年代的《天明》《天堂春梦》《脂粉市场》《神女》《新女性》《桃李劫》《都会的早晨》《马路天使》《风云儿女》等，无不以大段的都市景观开始切入，高楼大厦、繁华闹市等场景构成了电影中的基本背景，这也是上海电影广受

---

[1] 岛生. 电影院里的形形色色[N]. 申报,1932-11-20.

本土市民青睐的主要原因之一。

⑤**游乐场**

20世纪初，集各种游艺项目于一体的游乐场出现于上海，1912年上海第一家游乐场"楼外楼"创立，1915年由黄楚九、经润三创办的"新世界"开幕，1917年黄楚九又创办了游乐项目更多、场地更宽敞的"大世界"，随后上海先后出现了"神仙世界""小世界""大千世界"等游乐场，四大公司也先后附设游乐场地，至20世纪30年代沪上游乐场已有十余家。此外还有众多临时搭建的设施简陋的露天游乐场。它们集中分布于上海市中心繁华地段，尤以公共租界中区和法租界南京路、四马路（今福州路）、爱多亚路（今延安东路）为最，这里人口密集，交通便利，可以娱乐休闲的设施很多。

上海影星、歌星周璇

游乐场是一类不同于传统戏园、茶园的新型综合性娱乐空间，其中百艺杂陈，只花较少钱数便能游玩好几项娱乐设施，性价比很高，因而颇受市民青睐。

在游乐场内部，可以看戏，而多数戏曲是日夜演出的，京剧、文明戏、越剧（绍兴文戏）、沪剧（申曲）、扬州戏、常锡戏、淮剧、蹦蹦戏（评剧）、苏滩、汉剧、南方歌剧、四明文戏、昆剧等，咿咿呀呀，应有尽有。除了演出戏曲以外，游乐场中还放映电影，表演滑稽、杂技、魔术，并设有溜冰场、高尔夫球场等娱乐设施。在场中，游客只须购买门票，便可到游乐场内部多个演出场子看戏、游乐，不需另外购票（除了某些场子以外）。

总之，游乐场在上海都市的兴起，对上海城市文化的发展影响很大。民国报纸中有一篇文章对大世界有如此评论："像这样伟大的一个去处，只要有两毫小洋，就可以买一张票，而拿着走进那像老虎口一般的大门……长袍的老爷们与短衫的劳工同志们，一样的坐着看戏，一样的围桌品茶，这是多平等而自由的一个所在啊！也许这就是我们民族平等世界大同的一个预兆吧？"

民国时期的上海大世界

（2）家庭与里弄的休闲娱乐

石库门里弄的居民们所从事的，除了"打麻将"这一项中国传统娱乐活动之外，喝咖啡、听广播、看书报皆为开埠以后现代化进程之中受西方浸染的娱乐活动。

①打麻将

麻将，又叫"麻雀""马将""雀戏"，是中国传统游戏，来源于古代的博戏，至晚清时期，正式演变成为麻将。《清稗类钞》中说"麻雀，马吊之音转也"，因吴越方言惯将鸟类称为"吊"，于是马吊也有"麻雀"之称。而今广东、香港一些地区还称麻将为"马吊"，可见两者渊源。在一些地域受方言影响，打麻将又叫"叉麻将"。《清稗类钞》载曰："雀雀亦叶子之一，以之为博，曰叉麻雀。凡一百三十六，曰筒，曰索，曰万，曰东南西北，曰龙凤白，亦作中发白。始于浙之宁波，其后不胫而走，遂遍南北。"说到这类博戏之发源地，还有苏州太仓说、东南沿海等说法。总体来看，麻将起源于吴越地，播及津沪大港并延及全国，当不会错。不但如此，麻将还在全国各地都有了地域特征，如成都麻将、四川麻将、上海麻将、宁波麻将等，各有各的打法，然万变不离其宗。

晚清时期，麻将的交流空间尚在家庭内部，虽男性女性都可参与此游戏，但对于一桌麻将而言，游戏者的性别构成往往是单一的。一桌女子麻将中，参与者多为有血缘关系的家庭内部成员，她们打麻将的时间也较为集中，常在节庆年关之际才聚集博戏。由于妇女参与麻将能促进家族内部之间的和谐与交流，同时可以更好地将传统女性封闭于家庭空间之中，因而多为传统父权社会允许并鼓励。曾主笔上海

《点石斋画报》的清末画师吴友如有画《宋宫遗俗》反映清末妇女在家打麻将的情景,与乾隆时期《月漫清游图》中女子对弈场面极为相似,加上描写打麻将的画居然名曰"宋宫遗俗",更加证明了晚清麻将活动的闺阁性与封闭性,也表明了当时社会对于这种游戏的女性化与传统化想象[1]。

在晚清的绘画作品里,麻将常作为一种上层社会女性的家庭游戏。随着19世纪末以来麻将的日益流行,它也越来越多地被男性群体当作一种赌具。《清稗类钞》中说:"光、宣间,麻雀盛行,达乎诸侯大夫及士庶人,名之曰:'看竹。'其意若曰'何可一日无此君'也。" 东晋王羲之爱竹,有"何可一日无此君"之名言,大夫士人以这个典故来比喻打麻将,可见有将其"正经化"的态度所在。随着近代中国女性社会地位、家庭角色的转变,麻将桌上的女性,也像男人们一样组成自己的交际社团,并渐渐跨越了传统世俗道德的种种规范。其中最典型的就是由富豪家庭闺秀组成的"女总会"。从《新水浒》《续海上繁华梦》等晚清小说来看,在女总会中男女同台"叉麻

《点石斋画报·宋宫遗俗》与乾隆时期《月漫清游图》对比

[1] 贾钦涵. 玩物丧志?——麻将与近代中国女性的娱乐 [J]. 学术月刊,2011(1).

雀"是家常便饭，而且往往会引起恶性赌博、通奸吊膀的发生。在这些小说的插图中，我们可以直观感受到当时"男混女杂、通宵大赌"的热闹景象。

随着民国的建立，在迅速城市化、近代化的时代里，对于刚刚从"熟人社会"中走出的女性来说，麻将确实是她们相互沟通情感的绝妙工具。这种娱乐方式似乎适应了中国现代化的潮流，尤其在大城市里更是如此。很多女性本不会玩牌，不过很容易受周边亲朋影响，渐渐接触麻将。因而在一定程度上，麻将游戏在女性的家庭关系、社会交际中扮演着重要的角色[1]。张爱玲的短篇小说《五四遗事》曾感伤新时代青年最终不得不向传统旧道德屈服，在她笔下的"密斯范"虽然不爱打麻将，但新婚之后到夫君亲戚家拜访时，又不得不陪家人玩牌到深夜，以体现她的"贤惠"[2]。而早在张氏编剧的电影《太太万岁》中，这一范本就已经被创作出来，女主人公陈思珍也是此类女性。张爱玲曾这样评价自己塑造的陈太太形象："《太太万岁》是关于一个普通人的太太。上海的弄堂里，一幢房子里就可以有好几个她。"这种描述再现了当时社会的类似情况，若不打麻将，竟然不能融入到新家庭的亲属圈子中去[3]。漫画《同居之爱》就生动地描绘了麻将玩家社会关系的巨大变化，"亭子间之嫂嫂，后楼之阿姐，以及对门之挨姨，或前街之好婆"，游戏者身份、年龄、社会背景日益复杂多元，使我们直观感受到民国都市牌桌上的女性交际生活。有这么一段话，形象地描述了当时家庭妇女参与麻将的生活场景：

---

[1] 贾钦涵.玩物丧志？——麻将与近代中国女性的娱乐[J].学术月刊,2011(1).
[2] 金宏达,于青编.张爱玲文集：第1卷[M].合肥：安徽文艺出版社,1992:270—279.
[3] 天恨.麻雀家庭[N].申报,1924-10-26.

民国时期上海裕兴衣庄的广告画上描绘的"打麻将"情景

弄堂里的家庭主妇们忙完了早饭和午饭便准时凑到一起,几位牌友当然是老邻居或多年的老搭档。人以群分,麻将桌上就是一个经年磨合的、既定的小圈子,开局的时间是无需相催的。小局儿一般就选择在几位太太中最宽敞的、环境最好的一家,牌桌边的收音机里可以有"金嗓子"的小曲传来,手边可以有热茶,两圈牌下来倦了,也许会有佣人张罗一碗红豆汤给你品尝。女人就是女人,小主妇昨天在商店看上了一块旗袍布料,或者早晨发现自己的香粉盒子快空了,所以难免暗暗指望着能在牌桌上赢点外快来补上……[1]

在《文化创新与当代青年——2012上海青年发展报告》中有一段当代青年的童年记忆描写:"小时候,上海是曲折的弄堂,参差的石库门,追逐打闹的小伙伴。那时候的夏天,外公外婆都会在晚饭后搬着躺椅和其他老人们围坐在弄堂口聊天乘凉,抑或是找上三五好友,搓几盘小麻将……"可见麻将这种娱乐方式一直延续到当代,成为弄

---

[1] 由国庆. 老广告里的香艳格调[M]. 上海:上海远东出版社,2012:60.

堂生活习俗中的一景,并印在了好几代人的"故乡原风景"记忆中。

②听广播

在位于上海卢湾区永康路38弄35号的"石库门家庭博物馆"中,我们能看到这样的场景:无线电收音设备放置于客堂间的沙发旁,体现其作为家庭娱乐的重要角色。就像小说《长恨歌》里所写的:"每间偏厢房或者亭子间里,几乎都坐着一个王琦瑶。王琦瑶家的前客堂里……收音机是供听评弹、越剧,还有股票行情的,波段都有些难调,丝丝拉拉地响。"这些描写都体现了在上海弄堂市民生活中,收听无线电广播已经作为茶余饭后休闲娱乐、收集各种信息的一个工具。

无线广播在20世纪20年代传入上海之后,对上海城市社会和市民文化生活产生了巨大的影响。1922年12月美国商人奥斯邦在上海创办了中国无线公司,并与英文《大陆报》合作,租用了外滩广东路三号大来洋行顶楼,创办了"大陆报—中国无线电公司广播台"。1923年1月23日20时,奥斯邦电台正式对外播音。这是中国境内开设的第一座广播电台。开播首日节目包括小提琴独奏、四重唱、萨克斯独奏以及新闻简报等。随后,奥斯邦

永康路38弄35号的"石库门家庭博物馆"中客堂间的收音机

电台每晚播出1小时,新闻类内容由《大陆报》提供,其余大部分则为娱乐节目,周日还播出宗教类节目《祈祷》和《布道》等。随着外商电台的火热经营,加之交通部在1924年8月颁布了《装用广播无线电接收机暂行规则》,在当时掀起了国内商人投资无线电生意的巨大热潮。他们利用上海宽松的政治优势和多元的文化氛围,也在沪上首当其冲地办起了国产广播电台。其后,无线电广播事业迅猛发展,民营无线电广播电台的发展尤为迅速。据统计,1934年2月上海共有各类广播电台41家,1939年登记备案的电台共49家,1946年5月上海电信局调查报告表计有电台108家,1948年为38家,上海解放前,公营及私营电台共45家。

无线电收音机起初只是富贵人家能够消费得起的商品,"以彼时国人之备无线电者尚少,视无线电为新奇之物,仅为贵族化之消闲品耳"。至于富人、商家、饭店、旅馆等,除去其他时尚摩登的家具、电话、电扇等奢侈品外,收音机是一必不可少的大件了。这样的大件不是一般市民可以消费得起的。但是随着大量民营无线电广播的纷纷创立,收音机很快成为市民日常生活中一项重要的消费品。收音机价格的低廉,使得越来越多的人加入到无线电广播收听行列中。对于一般市民而言,静坐家中,静聆无线电的播音,这可以说是最经济时尚的一种娱乐,惠而不费,而且是有益无害的高尚享受。当时上海的广播电台大致有教育类、宗教类、商业娱乐类,而商业性的广播电台数量最多,如新新、亚美以及之后出现的大中华、天灵等大部分电台都属于商业性电台。一般来说娱乐节目和社会新闻信息是市民最为青睐的两个节目种类。据《中国无线电》杂志1934年4月刊载的对上海28家电台节目的分析,娱乐节目共有217档,而非娱乐的只有39档;文娱节目占全天播音时间的85%以上。

上海无线电广播的娱乐节目无所不包，其中音乐与都市流行歌曲、戏剧与曲艺是人们最喜欢的。音乐是最早吸引听众的广播节目，当年中国第一座电台奥斯邦广播电台的首次播音就是一台空中音乐晚会，内容有小提琴独奏、金门四重唱、萨克斯管独奏和舞曲。此后，随着上海流行歌曲的发展，歌唱也在无线电台里占有十分重要的地位，无论在商店或者住宅里，收音机里播的很多都是歌唱节目；街头巷尾听到的，也多清脆的少女歌声。以至于有人如此感叹："走过上海的店头弄里，时常听到无线电播音的嘈杂。"[1]叶圣陶先生在散文《文明的利器》中说道："现代，上海的商店有了另外的引人注意的办法。即使并非'特别大减价''多少周年纪念'，他们也要装一具收音机在当门的屋檐下。好在播音台那么多，从清早到深夜可以不断地收音，他们就一直把机关开着。于是，电车汽车声闹成一片的空间，又掺入了三线叮咚的'弹词'，癫皮声音的《哭妙根笃爷》，老枪喉咙的《毛毛雨》和《妹妹，我爱你》，诸如此类。"[2]这说明在当时的娱乐节目中，戏曲也是一个必要的播放节目种类。

无线电广播之间的商业竞争，促使其以市民喜闻乐见的戏剧种类作为号召，一定程度上推动了戏曲艺术在上海的繁荣和发展，这其中首当其冲的，便是苏州评弹。为占领市场，各电台纷纷在报刊上大做广告，招徕听众，如《申报》上设有专栏《播音台》，几乎每天都有各无线电电台刊登的评弹节目广告，报道各评弹响档的拿手书目以及播音时间，迎合听众。各电台纷纷创办无线电期刊，刊登播音节目表以扩大影响[3]。苏州评弹书目给普通市民家庭营造了更为温馨的家

---

[1] 陈伯海主编.上海文化通史[M].上海：上海文艺出版社，2001:148.
[2] 叶圣陶.文明的利器[N].申报·自由谈,1932-12-23.
[3] 洪煜.近代上海无线电广播与苏州评弹[J].史林,2012(6).

庭氛围:"(到晚来)良人公毕回家转,携领儿童含笑迎。卄收亚美无线电,阖家团坐仔细听。珠塔蜻蜓白蛇传,弦索叮咚传歌声。(他们是)长短波儿随意择,完属亚美出品精,(不由得)赏心乐事笑盈盈。(这真是)终朝劳倦心神瘁,(且喜得)和谐家庭兴味增,调剂精神听一曲,百般布置感卿卿。"[1]

广播从诞生起就通过收音机直接影响受众。这个时期上海的收音机数量、听众人数年年递增,数量可观,至1937年抗战前,收音机已达10万余具,抗战时听众竟达到60万至72万人之间,在全国遥遥领先,广播、收音机成为上海的一种大众化媒介。与全国各大城市相比,上海的电台广播属性最为多元、商业电台最为集中,而接受听众本身的异质多元,为广播多方面、宽领域、多层面地与社会生活互动提供了基础。

③**看书报**

作为近代中国大都市之典型代表,上海市民闲暇娱乐有着与乡土居民不同的特点。这首先是与当地市民的素养构成有一定关系。在繁华的经济与商业土壤中,处于其中的生产者和消费者必然也具有一定的知识素养与文学鉴赏能力,另一方面,此地市民的生活方式也完成了都市化的转换,职业竞争日趋激烈,生活节奏相应加快,工作与休息在时间上又有了明确的分离[2]。因此人们原来阅读民间书坊刻印小说的习惯已不复存在,而是希望在得到各种新闻信息的同时,伴之以趣味性的小说阅读,得以片刻消闲。因而报刊阅读的方式受到人们的欢迎。

作为近代中国的文化中心,上海有着各种新式学校、报刊、出版

---

[1] 摩登家庭 [M]// 上海弹词大观:下.上海:同益出版社,1941:114.

[2] 陈方竞.新兴都市上海文化·报刊出版·新小说[J].社会科学辑刊,2009(3).

机构、文化团体等，彰显出其独特的文化优势，尤其是在近代报刊发行方面，更显示出在全国的特殊中心地位。自1850年8月上海历史上第一张英文报纸《北华捷报》创刊以来，沪上报刊业发展一枝独秀。至1895年，创办报刊达86种之多，约占同期全国新办报刊总数的二分之一，且多数创办于租界之内[1]。经过1898年的戊戌维新运动，全国掀起创办报刊之高潮，上海的创办量亦急剧上升。1896年至1898年三年间，沪上新办报刊达到48种之多，占同期全国新办报刊的44.9%，

后改名为《字林西报》的《北华捷报》

---

[1] 上海租界志编纂委员会.上海租界志[M].上海：上海社会科学院出版社，2001:530.

此后上海作为近代中国报刊中心之地位一直未变[1]。市民从报刊的阅读中获得了大量的社会信息。

然而除了繁盛的主流报刊文化之外，近代上海有另外一种以"游戏""消遣"为主题内容的文艺小报，作为阅读的一类补充，体现了上海市民的需求，而此间最为市民接受并喜爱的，当属其中的连载小说。1891年，《申报》华人主笔韩邦庆（1856—1894）主办该报所附《海上奇书》，连载了他自己创作的吴语长篇小说《海上花列传》，首开报刊连载小说之风，这一在上海报界的创举，加之小说内容，使该刊销量猛增。在此时期，中国文学界亦发生巨大变化。随着"新小说"运动的兴起，科学、政治、言情、社会、侠义、侦探等小说类型慢慢浮现，特别是"以上海为表现背景，展示市民们在上海这样的现代化大都市中的生活习惯、情感方式、价值判断和生存状态，以及书写者本身在书写过程中所体现出来的对上海的认知和想象"的"上海书写"方式更得市民青睐，这种小说又称社会小说。学者认为"民国初年的社会小说，范围更为扩大，包含了党、政、军、警、学、商等各阶层的人物和动态，有时也涉及工、农。由于作者都生活在上海和北京等几个繁华都市，便就地取材。特别是上海，五花八门，更是产生社会小说的源泉"[2]。例如《二十年目睹之怪现状》《歇浦潮》《广陵潮》等作品，皆因其都市生活的独特内容，在上海及其经济文化辐射区域市民中形成了极大的受众群体。当时作家张爱玲说过，她之所以喜欢看社会小说，不是为了艺术，而是为读一点有趣的新鲜的事实，可见当时的社会小说多数有很强的新闻性特点。另外，还有一

---

[1] 张仲礼主编.近代上海城市研究[C].上海：上海人民出版社，1990:925.

[2] 范烟桥.民国旧派小说史略[M]//魏绍昌，吴承惠主编.鸳鸯蝴蝶派研究资料：上卷.上海：上海文艺出版社，1984:281.

种被称之为"弄堂小说",也是市民喜欢阅读的类型,它和社会小说的不同之处在于其写作中心不在于军阀政客的争权夺利,不在于官宦政海中的肮脏生活,而是表现十里洋场光怪陆离的畸形世界和其中混饭吃的得意或失意的畸形人,以及高高大楼下长长弄堂中的市民的心态和生活状态。工厂管理人、流氓大亨、地痞恶霸以及在上海滩上拼命的女工、小生产者、小职员、小商小贩等的传奇故事和悲欢离合是弄堂小说的描写内容之一,真正体现了弄堂市民的生活场景与价值判断,其受众自然多是弄堂市民。

从小说家这边来说,从晚清开始的社会小说创作,发展到20世纪20年代,已经成了非常大的一股潮流,有着相当可观的作者队伍、发表阵地,并且已形成传统。从读者方面来说,自从晚清的新小说运动以来,随着小说的地位向文学的中心位置转移,随着小说报刊的繁荣,培养了相当一大批热衷于阅读小说的读者。[1]这些社会小说以实录为特点,广泛记载社会现象,搜罗各种社会奇闻,养成了一大批以"新奇"为趣味的读者。

民国时期上海的一些报刊和小说家在小说的观念和运作方式上,也表现出与读者互动的商业思维。如小说家兼报人身份的严独鹤,在《红杂志》第15期上登载一种"悬赏小说"《哭与笑》,内容是富家子弟娶了农家女子,婚宴上新娘忽然大笑不止,新郎则嚎啕大哭,众宾客不明就里,小说就此打住。后半部的内容向读者征集,题材不限,只要内容和前文对接自然、前后顺畅的稿子即可被征用。此举调动了作者和读者的参与意识,给刊物带来了热闹的人气,有趣的创意也起到了很好的游戏作用。还有一种叫作"集锦小说"的玩法,很像

---

[1] 佘小杰.《春明外史》与二十世纪二十年代社会小说潮[D].南京师范大学文学院学报,2005(4).

是击鼓传花的游戏，所作的小说完全是在游戏氛围中进行的，它终究还是一种好玩的游戏，带有一点文学味道的文字游戏。而这一种"玩文学"的方式尽管不为很多严肃文学家所承认，但市民接受度无疑很高[1]。

小知识◎老虎灶

> 老虎灶存在于江浙一带，起源于19世纪70年代，是一种贩卖开水的店铺。19世纪末20世纪初，上海人口激增，聚居区的弄堂或棚户人口密度极大，房屋面积小、燃料不足等生活问题使得老虎灶在巷口街头应运而生。有些上海人自家不生炉子，大都提着水壶到老虎灶装开水。老虎灶大多还兼营茶馆，在门外摆几张桌子，收费低廉。有的还兼营澡堂业务，在屋内一角摆放若干澡盆，门前挂一幅"清水盆汤"标志图，浴资与一壶茶的价格大致相当。

柳敬亭

> 柳敬亭(1587—约1670)，原名曹永昌，名敬亭，号逢春，因"面多麻"，外号"柳麻子"，通州（今江苏南通）人。敬亭家族祖、父、叔父等多人皆经商，柳敬亭少年好动，或随父至泰州叔父歇脚处一游。因十五岁时在泰州"犯事"当刑，遂隐姓埋名，浪迹苏北市井之间，说书度日。游历至云间（今

---

[1] 周东华.近代上海地区游戏风俗与通俗小说的游戏观[D].苏州大学学报:哲学社会科学版.2008(5).

上海松江）得到当时名家莫后光的指点，书艺大进。之后又到扬州、杭州一带说书。柳敬亭说书以说表细腻见长，对于原作内容增减得当。明末崇祯年间，士大夫多南下至金陵（今南京）避难，柳敬亭也到南京说书，听书之人踊跃，柳氏身价大增，遂成著名说书艺人。

状元台

评弹茶馆书场紧靠书坛正面的一排长桌，早先称为老人台，为年老耳背者所设，后因年少者也杂坐其间，场主为迎合听众，便改名"状元台"，以图吉利。状元台两侧安放一条条长凳，排列似蜈蚣形，因吴语称蜈蚣为百脚虫，故长凳又名"百脚凳"，状元台与百脚凳为茶楼书场的主要特征。

女总会

女总会是女性赌博组织，《清稗类钞》中对上海女总会的记载："光绪末叶，沪上有所谓女总会，妇女赌博之所也，有似国初吴中之花赌。呼卢喝雉，一掷千金，于此者皆豪家之闺秀。其博也，以夜不以昼。日之夕矣，车马集于门，不炊许而列炬设席，非彻晓不止也。""上海商业各帮，皆有总会之设，名为总会，实则博场也。"

2　弄堂中的儿童游戏

在上海的弄堂里,因居住者的职业、背景各不相同,大众文化程度参差不齐,从而造就了弄堂生活的多样性和丰富性。不同阶层居民在长期的聚居生活中相互影响,取长补短,使得整个弄堂文化气氛趋于大众化,形成了一种特有的弄堂市民文化形态。

弄堂是儿时从事各种游戏活动的主要场所,在这里生活过的上海人几乎都有同小伙伴们一起在弄堂中玩耍嬉戏的经历,男孩子多参与一些较为粗犷的游戏活动项目,而女孩子则较多参与文雅细腻的游戏项目。"尤其在20世纪50年代至60年代,弄堂游戏文化呈现一片繁荣的景象。"[1]弄堂里居民不但人口众多,还有着职业、原生地等方面的复杂成分,因此上海儿童的弄堂游戏也十分多样,尤其是对石库门弄堂这个现代与传统结合与过渡期间的民居而言,此地的儿童游戏也呈现出传统与现代、海纳百川、兼容并包之明显特征,据笔者现在

---

[1]　俞成伟.卢湾弄堂记忆[M].上海:上海辞书出版社,2009:119.

所能见到的资料来看,弄堂儿童游戏大小至少应该有50种以上[1],当然这还只是保守估计。中国传统游戏种类可分为角力、竞技、斗智、猜射、博戏等,儿童游戏由于有主体及对象的不同,亦略有相异,上海弄堂游戏兼容并包、承前启后,可谓是中国近代儿童游戏之典型代表,大致可分为智力游戏、运动游戏、生活游戏、科技游戏等几类,其中最为著名与为人熟知的是在上海民间习称为"九子"的九种经典游戏。

(1) 扯铃子

铃分为单铃和双铃,大人小孩均可同玩,以男性为主,游戏一般在冬天进行,春节期间尤其为最。铃是购买来的,价钱的昂贵程度主要由孔的多少决定,孔数越多越昂贵,

九子公园中的雕塑"扯铃子"

扯的时候叫声越响。除铃外还有一副连线的扯铃棒。玩者用双手各握一根扯铃棒,上下左右挥动,将铃子在线绳上转动起来,并变换各种动作。常规动作有"老太婆穿引线",即用右手拿着棒从左手的线上穿过,其间铃子不能停不能掉下来;"倒夜壶",即将扯得急急的铃

---

[1] 彭祖基先生在《昔日上海风情》(上海人民出版社,2011)中提及上海弄堂游戏数十种,陈勤建、尹笑非两位学者在《白相喽!经典老上海游戏》(华东师范大学出版社,2015)所记述上海弄堂儿童游戏大概有40余种,综合起来统计,上海的儿童弄堂游戏达到50种以上应无疑问。

子（只能是单铃）底朝天放到地上，待其像陀螺转一会儿以后，再用线绳把它救上来，铃子不能停；"飞天"，即将铃子扯得急急时，用力张开双臂把线绳拉得直直的，铃子就会朝天空飞去，而铃声不绝，扯铃者还要把下坠的铃子用绷直的线绳接住，继续扯；还有"扯小头""翻身"等花样。谁扯的铃子响声大、抛得高、花样难度高或花样新，谁就将会得到更多的喝彩声。

(2) 跳筋子

九子公园中的雕塑"跳筋子"

跳筋子玩具很简单，只要一根皮筋首尾相连就可以，但是跳起来花样却很多。参与者主要以女孩子为主。参与者多时，由两个高手率领两队比赛；参与者少时，一根橡皮筋两个小板凳就可玩得不亦乐乎。玩法是两人原地站立，将长长的皮筋绷直，让小朋友在上面跳来跳去。有踩、勾、挑、跳、翻等基本动作，以及由基本动作串成的花色，花色越多，时时还会有新的花色产生。参与者约定好花色后进行比赛，以"猜冬猜"决定先后，后者先拉皮筋。如果不小心跳"死"，就调换拉皮筋者；如果是团队比赛，"死"者就要等同伴"救"。顺利通过的可以升级，即一节节升高，皮筋难度随之一点点加大，完成等级高者为胜者。另者就是按统一的节奏、统一的规定动作和换位进行比赛，其间未按规定进行的即为失败，比赛停止。最终完成规定动作级数高者为胜。

女孩子经常玩的游戏还有跳绳子和踢毽子。跳绳子器械较为简单，一根草绳或者线绳皆可。形式有单人跳、双人跳和多人跳，经后续发展又呈现出花样跳绳。单人跳就是一人一绳跳，花色最多，如"双脚跳""踏水车""绞花跳""单飞""双飞"甚至"拉黄包车"等类型。双人跳为两人一绳跳，花色有"双脚跳""单飞""拉黄包车"。多人跳就是两人甩一根绳子让多人跳，花色有"双脚跳""单飞"等，也可以"穿弄堂"，即跳的人经过甩起的绳子，从一个甩绳的玩伴处穿到另一个玩伴处，跳的人不能中断，可以一跳而过、两跳而过，也可多跳而过，如谁不能连接或者跳不到约定数或被绳子绊住就算输，换另一个甩绳玩伴。还有双绳多人跳，即两人交叉用两条绳子让多人跳，花色与一绳多人跳相同。还可比在规定的时间内谁跳的次数多或花样多。

踢毽子也是上海弄堂小姑娘经常玩耍的一类游戏，这类游戏也有古老而悠久的历史，早在六朝时期就已非常流行。及至唐宋，儿童们的踢毽活动更为普及，其形制也与现代相仿。宋代文人高承编纂的类书《事物纪原》记述道："今时小儿以铅锡为钵，装以鸡羽，呼为毽子……亦蹴鞠之遗事也。"1970年以前，毽子只需要一枚方孔铜钱、一块旧棉布、几根公鸡羽毛就可自制。20世纪70年代之后，毽子大多由自制改为购买。踢毽子的花样很多，有单脚踢，可用脚内侧也可用脚外侧，双脚交替，荡脚踢，即踢毽子的脚不能着地，还有飞踢等。还可以比谁踢的次数多或者花样多，也可多人"接龙"踢，谁踢不到毽子就算谁输。

20世纪20年代，踢毽子、跳绳等活动就流行于上海民间。1928

年，在上海中华国货展览会上，举行了我国首次踢毽子比赛。1935年，第六届全国运动会在上海举行时，曾设有踢毽子项目。新中国成立后，上海城乡跳绳、踢毽子活动更为普遍，尤其是中小学课外活动中多有这两项活动。自1980年以来，上海市每年一次的中小学踢毽跳绳比赛是推动项目活动普及与发展的最直接原因。1990年全市有30万中小学生参加了比赛活动。经常性的比赛活动逐渐成为一种传统。

（3）打弹子

20世纪70年代之前，上海小朋友最喜欢玩的是打弹子。弹子五颜六色，以玻璃彩色弹子为多见。打弹子可以一对一比，也可以多人一起比。比赛时，每个小朋友拿出数量相等的弹子放在一起，先画一个圈，再隔一定距离画一根线，然后以"猜冬猜"决定先后顺序。之后

九子公园中的雕塑"打弹子"

小朋友趴在线上瞄准弹子打，以弹子打出圈外为准，谁获得弹子多，谁就是胜利者。

（4）抽陀子

抽陀子又称"抽贱骨头"，"贱骨头"就是木质的陀螺。因陀罗越抽越转，不抽则停，所以上海人称之为"贱骨头"。玩法是在一根尺把长的竹竿头上绑

九子公园中的雕塑"抽陀子"

一截绳子，用绳子一圈圈裹住陀螺，往外有技巧地一甩，使得陀螺在地上旋转起来，然后用绳子不停地抽它，抽得越快，陀螺转动的时间就越长。而在比赛过程中则是使得两个转动的陀螺相撞，谁被撞停了谁就输掉比赛。

（5）顶核子

顶核子的玩具主体为橄榄核，很多地方都可拾到。玩橄榄核不花钱，所以那时的男孩口袋里都有橄榄核，

九子公园中的雕塑"顶核子"

每当放学后，几个男孩找个偏僻的地方一起玩。顶橄榄核与打弹子一样，每人出数量相等的橄榄核放在一起，画个圆圈。所不同的是顶橄榄核是站立瞄准。顶时一只眼睛睁着，一只眼睛眯起来，利于集中"眼力"争取赢得胜利。橄榄核不花钱，孩子玩得高兴，家长也不反对，有的还主动帮助孩子收集橄榄核，甚至与孩子一起玩。

（6）掼结子

九子公园中的雕塑"掼结子"

掼结子是用几个麻将牌和一个小沙包进行轮流抛掷空中，然后徒手接取的游戏。其技巧是利用沙包掷高的瞬间，翻、立、摆麻将牌，玩出多种花样，难度逐级升高。一般较为规范的玩法为台子1张，骨牌6只，结子1只。持6只骨牌掷向台面，随后将结子甩手抛向空中，接在手心，抛接之间将桌上6只骨牌相继翻成白色（正面）、横式、竖式，最后翻成黑色（反面）为比赛终止。上抛结子需在10次内完成一式，超过10次的加次数，10次后进入下式。结子、骨牌每落地一次（出台面）判作二次抛结子。抛结子次数少者名次列前。

（7）滚轮子

滚轮子也就是一般俗称的滚铁环。一个铁环（圈箍）加上一根硬性铁棒或细竹竿，就可以玩的一种游戏。铁环是利用旧的脚桶、马桶箍或自行车铁圈。此外用一根较硬的铁棒，一头弯成"L"状，玩的时候把铁棒弯曲部分嵌入铁环内（若是自行车铁圈，只需要一根直的铁棒），用手推着铁环往前走，边推边滚边跑，越推越快，既是游戏又锻炼脚力和速度。滚铁环要玩得好，手握

九子公园中的雕塑"滚轮子"

铁棒力度要均匀。稳中求快，才能推行较长时间而不至中途倒下。孩童们用着铁钩推着铁圈在弄堂里玩，有的走好几条弄堂铁环不会倒，同时也能走出波浪形的曲线，也可围着水井转圈。这是一项既有助于提高动手能力，又能增强平衡能力的游戏项目。它既可单独进行也可多人比赛。

（8）套圈子

套圈子为游乐园里的保留节目，一般为用一定的钱数换上若干用竹子制成的圈圈，在一定距离之外投掷，将其投向自己心仪的物品。

四　乐也融融：居民日常游艺 | 163

九子公园中的雕塑"套圈子"

套圈游戏实质上属于竞技型游戏,主要通过一些特定的技巧和方法来进行竞技较量。从其渊源上来看,套圈游戏应来源于中国古代的投射游戏。

(9) 造房子

这也是一种不花钱的游戏,只要拾一块薄砖头或瓦片就可以玩。"造房子"要选一块平地,然后用一根树枝或竹片画出一块长方形的地盘,再在中间画出面积相等的几间"房子",最上面画一个"△",表示屋顶。玩的时候要把瓦片丢入第一格(间),一只脚离地,另一只脚跳进房子内,把瓦片踢向第二格(间),但不允许瓦片碰到线或出格,否则视为失败。如此一格又一格地踢过去,直到屋顶就算赢。"造房子"的人必须掌握平衡与重心,踢瓦片要分量适中,太轻或太重会犯规而失败。男孩、女孩都可玩,一般都是男归男,女归女。如此男女有别,是因为男孩与女孩一起玩,总是输的多。

九子公园中的雕塑"造房子"

（10）游戏中的童谣

一般来说，上海弄堂童谣的使用场景要和游戏一起进行，因此成为反映老上海弄堂生活的一类绝好材料。儿童们一边唱，一边玩，童谣里记载了弄堂儿童孩童时代的美好时光。下面试举几段著名童谣：

《落雨咯》

落雨咯，打烊咯，小八腊子开会咯，大头娃娃跳舞咯。

《笃笃笃，卖糖粥》

笃笃笃，卖糖粥，三斤蒲桃四斤壳，吃侬肉，还侬壳，张家伯伯勒拉伐？勒拉嗨。问侬讨只小花狗。侬来拣一只。汪汪汪！

《摇啊摇》

摇啊摇，摇到外婆桥，外婆叫我好宝宝，我叫外婆洋泡泡，外婆骂我小赤佬！

《跳橡皮筋》

小皮球，小小篮，落地开花二十一，二五六，二五七，二八二九三十一；三五六，三五七，三八三九四十一……

《木头人》

三三三，我们都是木头人，不许哭来不许笑，还有一个不许动。

《哭烛包》

一歇哭，一歇笑，两只眼睛开大炮，一开开到城隍庙，城隍老爷哈哈笑。

五 余论：城市化背景下石库门的保护与更新

不容忽视的是，曾经养育了千百万上海人的石库门正在走向老化、衰败，甚至消亡。

上海人对石库门的关注与保护运动亦从未停歇。

目前上海石库门建筑绝大部分分布在本市内环线之内，尤其是靠近黄浦江与苏州河沿线，多数与二级以下旧里所在区域相邻或混合。旧城区共有里弄近400块，其中优秀历史里弄67处，77幢，占地面积约250万平方米，约有15万户居民。各区规模与分布不尽相同，黄浦区总量最多，约占全市总量的三分之一；其次是虹口，占地面积约40多万平方米；再次是静安、原卢湾等区。另外，闸北、杨浦、普陀等石库门建筑大多为质量较差、设施不全、环境较脏乱的二级旧里房屋，其中大部分列入旧区改造的对象[1]。

不容忽视的是，曾经养育了千百万上海人的石库门正在走向老化、衰败，甚至消亡。

首先，从建筑物质形态来说，石库门这种建筑形式在上海面临着被拆除、被改造和被更新等各种命运。

从20世纪50年代开始，上海就开始了旧城住屋的改造历程。在当时有对棚户简屋地区的拆除重建，亦有旧里的新村改造运动，但总体来说未对石库门有较大影响，工人新村的"发明"与兴建还缓解了一部分石库门的居住压力。从20世纪50年代到80年代之前，由于国家户籍制度的实行，上海移民不再像1949年之前那样大批量地涌入，因此工人新村和石库门这两种居住形式各得其所，相安无事，共同承载了上海的自然人口增长。20世纪80年代以后，由于城市化，形成了上海人口的又一次增幅高潮，尤其是外来人员的进入，沪地住房环境又开始了新一轮的困窘历程。尤其是90年代以来，城市化加剧，人口激增，使得在同样一块单位面积上承载更多人口、设施环境更为良好的高层建筑在与石库门的对比中优劣立现，很快便成为国际化大都市上

---

[1] 万勇.里弄保护与更新的基本方式和关键环节——以上海里弄为例[J].城市发展研究,2014(1).

海的居住新宠。此段时间石库门减少加剧。据统计，1991—2000年间上海全市共拆除各类旧房屋2800万平方米，动迁居民约64万户，其中拆除二级旧里房屋1720万平方米（约34万户）。进入21世纪以来，这种改造加速了石库门的消亡：2006年上海市里弄总面积共计2376万平方米，到2011年只有1763万平方米了。需要注意的是，自20世纪80年代中期以来，人们已经"认识到里弄石库门这种独特的建筑风格的重要性"之下，石库门还是挡不住城市化的浪潮，比之前30年之内拆除得更多，消亡得更快！

其次，最重要的是，即便在尚存的石库门民居中，由于居住其中的人员结构发生了变化，其间精神内核即生活习俗部分或面目全非，或荡然无存，以前具有生机活力、欣欣向荣的石库门生活如今似乎已经渐渐与"破败""破旧""摇摇欲坠""岌岌可危"等字眼相互关联，显示了石库门保护工作的艰难与不易。

石库门中的居住景象　余子祥/摄

除了建筑的消亡，石库门中"人"的变化更令人深思，这是与此类民居居住环境的恶化有很大的关系。就像有的研究与调查者亲历后所描述的那样："建筑外立面上许多砖墙剥落、缺角或被刷上外漆；大门门框上的装饰也不见踪影；客堂间落地木门及二层的护栏也已经腐烂，有的干脆被换成铝合金门窗；室内墙面上积满黑漆漆的污垢；木楼梯经常年使用结构已经松动；等等。由于缺少修缮的资金，房屋所有人或产权单位常常忽视对石库门里弄的日常维护，一些小问题日积月累最终导致许多建筑损坏严重。"[1]不仅是内部居住环境的恶化，由于遭受拆迁等外部社会环境影响，很多里弄住宅区外部配套设施也不如之前那样便利。以前弄内如点心铺、杂货店、超市、理发店、服装店、日用菜场、浴室等，在"城市更新"之大潮中无法坚守而湮没不见。

以前石库门居民中各种阶层人士都有，但亦不乏中产阶级。1949年以后，虽无阶级之分，但毋庸置疑，一些国营单位人员、知识分子人群的稳定生活与固定居住，使得此间形成了良好的生活环境与氛围，邻里之间关系融洽，生活习俗具有一定的稳定度与统一度。然自20世纪90年代以来，大多数中坚力量搬离这一区域，使得里弄住宅里现今只剩下三类人群居住：一类是子女因结婚或在外购房后搬离而独自留居住在里弄里的老人们；第二类则是没有经济能力在外购买新房来改善居住条件，而选择继续居住在父母一代分配获得老房住宅的低收入家庭；第三类大多是通过租里弄外迁居民的空屋而搬到此处的外来务工人员。以上疏离人群虽然仍在石库门中生活，但他们已经丧失了血缘、地缘的社会组织及情感纽带，而使得邻里之间感情疏离，难以形成稳定的习俗共享群体。由此石库门生活习俗亦面临着变异、冲淡乃至消亡的历史命运。"皮之不存，毛将焉附"，这似乎是"无可奈何花落去"的事情。

---

[1] 华赟杰.上海石库门里弄的现状、困境与发展对策研究[D].浙江工业大学硕士论文，2012.

上海人对石库门的关注与保护运动亦从未停歇。在开发商的推土机轰鸣声中，亦不乏有民间人士与知识分子的奔走呼号，这种社会现象早在20世纪80年代中期就已经开始。

从那时起，"城市更新"成为以石库门为核心的旧区改造运动的重要关键词，以新天地、田子坊、步高里、尚贤坊等为主的几种保护更新模式，便是社会各界力量对于石库门开发与保护的结果。对于这几类里弄民居更新成果，研究者常以商用、居住等标签分类，如将新天地归于"商业模式"，田子坊归于"半商半居模式"，又将步高里归为"居住模式"，还有人将建业里称为"服务式公寓住宅"……笔者认为审视现有的更新案例，可以将其分为以开发商为主导的更新

新天地街角

模式，新天地、建业里是也；以民众为主导和以政府为主导的更新模式，分别以田子坊和尚贤坊为代表。

新天地由香港瑞安集团进行开发，其改造虽然有很多不尽如人意的地方，如当地居民全部被迁走，改造后的新天地成了高档商业区，原来平民化、生活化的里弄空间成了高收入阶层的专有空间等。但至少还有一些可以称为正面的保护与更新效果。如在更新中将不同地块分块改造，保留了一部分石库门，比起建业里的几乎全部拆除重建，新天地也的确花了比重建代价大得多的力量和资金保留并修复这些历史建筑，并且重修后的新天地虽然没有让原居民回迁居住，但至少与其周围地段淮海路商业区的整体环境与氛围是相得益彰的。

相比较而言，建业里的更新情况不尽如人意之处更多。这片石库门住宅群，整个地块占地17400平方米，总建筑面积为20000平方米，整个里弄可以分为明显的中、东、西弄三部分。三部分里弄年代稍有不同，但基本上在20世纪30年代初已经建成。2003年，拥有房屋产权的开发商与外资合作开展建业里保护项目改造工程。经过9年改造，现今的建业里房屋结构发生了明显变化：原来位于东弄、西弄的老房子已被拆除，重建成钢筋水泥带地下车库的"石库门"；改造过后的房子被用作"服务式公寓"，每栋总价至

重建后的建业里惊现"地下室"

少在3000万元人民币以上。昔日的弄堂风情变身为售价不菲的联排别墅。这些别墅早在1994年就被上海列入优秀建筑名单，在2003年成为全市重点保护对象，在一开始改造之时，由政府主导拆迁，但不知何时，开发商成了最大股东，因此才会呈现出优秀历史建筑被推倒重建、建后面目全非的悲剧。可见，开发商作为城市更新之主导，对于文化遗产的保护是一个比较冒险的行为。

与建业里只隔一条马路的步高里则采用了所谓的"政府主导型"的更新模式。一般来说，政府主导的旧区改造基本皆以民生为主要前提导向，且以社区稳定、改善居民居住环境为主要诉求，因此步高里的更新效果完全是以居住为最终依归的。2007年春末的大规模修缮工程被步高里居民称为"大修"，是当时卢湾区旧式住宅小区厨卫改造工程之一部分。建设单位为卢湾区政府采购中心和卢湾区房屋土地管理局，属于政府实事工程。工程内容包括厨房水电设施更新、安装新式坐便器、外墙修复、路面铺设、室内喷淋安装、市政管井装置以及建筑内部居住维修等[1]。秉持着关注民生的理念进行更新改造，步高里的保护取得了较好的效果，不但建筑得到了保护，更重要的是其间生活

步高里

---

[1] 祝东海,朱晓明.大城小事——上海步高里居民张月娟的生活空间演变分析[J].华中建筑,2010(01).

的居民并未骤然大量流失，由于设施条件的大幅改善，居民认同感有所增强，破坏性使用基本得到了控制。虽然还有居住密度高等隐患问题存在，但以政府主导的石库门更新模式取得的良好效果是毋庸置疑的。步高里的成功主要借鉴此前和合坊的改造，这也是2007年卢湾区政府实事工程之成果。和合坊的改造，充分反映了城市遗产保护与居民多方利益诉求下政府有所作为的轨迹，里弄改造在马桶工程、厨房工程、化粪池工程、局部动迁完成厕所改造等方面提供了政府主导、居民参与等方面的经验。尤其是在此处改造中，抽水马桶人造石底盘获得了国家专利，仅仅利用屋角0.6平方米的空间即可安装，且每户成本仅1500元人民币，此专利技术应用良好，仅在上海一地便安装使用7000多处，并先后在南京、杭州等地的旧房改造中获得良好效果[1]。

  第三类典型更新模式便是田子坊，此处改造虽不乏政府介入之因素，但基本上是一种以社会各界自发力量为主导的更新模式。在这一案例改造中，体现了基层官员、原居民、艺术家及政府等各方利益之复杂互动。田子坊所在地隶属原卢湾区，位于中心城区南部，目前所看到的里弄街区源于1847年，整体形成于1900年至1914年期间的法租界时期。1926年，街区以南的泰康路修筑成功，由于此处毗邻黄浦江港口，当时沿路即多小厂散布，1949年初期尚有30多家大小民族企业，20世纪80年代中后期此处尚有华美无线电厂、钟表塑配件厂等多处国营集体工厂，并拥有数十年历史的泰康路马路菜场在街区一角[2]。自20世纪90年代上海城市更新大潮以来，先是基层官员的有计划倡导、接踵而至的文化商人和艺术家兴味渐浓，之后此处居民被商

---

[1] 朱晓明, 古小英. 上海石库门里弄保护与更新的4类案例评析[J]. 住宅科技, 2010(06).

[2] 钟晓华. 行动者的空间实践与社会空间重构：田子坊旧街区更新过程中的社会学解释[D]. 复旦大学博士学位论文, 2012.

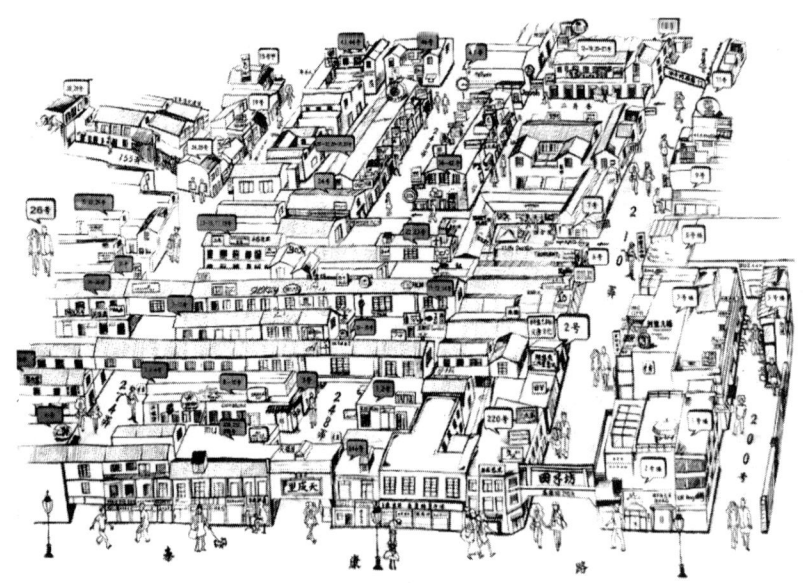

田子坊手绘景区图

业利益和生活环境改善驱使自发改造更新，间或夹杂政府行为的介入，最后带来的是开发商的最终进驻……经过近十年的发展，田子坊的大量居民在精英团体与民间力量的主导策划下，通过"居改非"，将底层住房采光差、具有安全隐患的里弄改造为适宜商用的店铺，逐渐完成了旧式弄堂到中高档创意消费场所的转变，其成果是核心区保存约为2公顷的大片历史地段，该地以底层出租为商铺、居民居住上层的方式，进行"自筹资金"式的自发改造与更新，是民间各方利益群体博弈的最终结果。这种更新方式最大的优势在于较好地保持了当地的地域文脉。因为原先此地便是"新华艺校"迁址所在，具有浓郁的艺术底蕴氛围，众多弄堂工厂又符合西方城市loft变创意园区"阁楼

志成坊

艺术"之理念诉求,因此著名艺术家黄永玉将其原名"志成坊"改为具有中国古典艺术气息的"田子坊"之名,众多知名艺术家、创意企业等的入驻,更加烘托渲染出弄堂的艺术气氛。于是在"艺术""创意"关键词映衬下,商业与居住相映成趣、传统与现代相得益彰,田子坊遂成为中国最有影响力的创意园区之一。

然而,我们也应该看到,由于资本力量的介入与推动,田子坊逐渐商业化亦是不争的事实。在创意产业园区蜕变为时尚街区的快速进程中,民间力量一对一的出租,难以应对商业同质化趋势,这样的结果仍然是以牺牲原生态的弄堂生活为代价的,这也是"田子坊"们目前最令人担忧的命运。

由上述三种模式可见，对石库门这样一类具有"上海味道"的文化建筑遗产保护而言，其关注点自然不能仅放在建筑本身的留存与更新，更重要的是要竭尽所能留住其中生活的人。对于人的去留，也不仅仅是保证当中有居住的人就可以了，最重要的是改善其中的民生环境，因为只有这样才能保证人员结构的稳定、邻里氛围的营造与居民认同感的加强，只有这样，才能使氤氲其中的生活习俗之精华留存下来，代代相传。

参考文献

［1］魏绍昌，吴承惠.鸳鸯蝴蝶派研究资料：上卷 [M].上海：上海文艺出版社，1984.

［2］王绍周，陈志敏.里弄建筑[M].上海：上海科学技术文献出版社，1987.

［3］陈从周，章明.上海近代建筑史稿[M].上海：上海三联书店，1988.

［4］王绍周.上海近代城市建筑[M].南京：江苏科学技术出版社，1989.

［5］上海市黄浦区人民政府.上海市黄浦区地名志[M].上海:上海社会科学院出版社，1989.

［6］文史资料委员会编.旧上海的房地产经营[M].上海：上海人民出版社，1990.

［7］张仲礼.近代上海城市研究 [M].上海：上海人民出版社，1990.

［8］江礼旸.海派饮食[M].上海：上海画报出版社，1991.

［9］罗苏文.石库门：寻常人家[M].上海：上海人民出版社，1991.

［10］沈华主编.上海里弄民居[M].北京：中国建筑工业出版

社，1993.

［11］顾炳权.上海洋场竹枝词[M].上海：上海书店出版社，1996.

［12］忻平.从上海发现历史——现代化进程中的上海人及其社会生活[M].上海：上海人民出版社，1996.

［13］崔广录主编.上海住宅建设志[M].上海：上海社会科学院出版社，1998.

［14］费孝通.乡土中国·生育制度[M].北京：北京大学出版社，1998.

［15］陆文达.上海房地产志[M].上海：上海社会科学院出版社，1999.

［16］熊月之主编.上海通史[M].上海：上海人民出版社，1999.

［17］徐海荣.中国饮食史[M].北京：华夏出版社，1999.

［18］吴贻弓主编.上海电影志[M].上海：上海社会科学院出版社，1999.

［19］陈伯海主编.上海文化通史[M].上海：上海文艺出版社，2001.

［20］上海租界志编纂委员会.上海租界志[M].上海：上海社会科学院出版社，2001.

［21］高春明主编.上海艺术史[M].上海：上海人民美术出版社，2002.

［22］王安忆.长恨歌[M].海口：南海出版公司，2003.

［23］[美]韩起澜.苏北人在上海，1850—1980[M].卢明华译.上海：上海远东出版社，2004.

［24］[美]卢汉超.霓虹灯外——20世纪初日常生活中的上海[M].

段炼译.上海:上海古籍出版社,2004.

[25] 罗苏文.上海传奇——文明嬗变的侧影:1553—1949[M].上海:上海人民出版社,2004.

[26] 许绍霆.石库门前[M].上海:上海文化出版社,2005.

[27] 缪国庆.家住石库门[M].上海:上海文艺出版社,2005.

[28] 徐华龙.上海风俗[M].上海:上海文艺出版社,2009.

[29] 俞成伟.卢湾弄堂记忆[M].上海:上海辞书出版社,2009.

[30] 彭祖基.昔日上海风情[M].上海:上海人民出版社,2011.

[31] 陈海汶.上海石库门[M].上海:上海人民美术出版社,2011.

[32] 由国庆.老广告里的香艳格调[M].上海:上海远东出版社,2012.

[33] 李黎明.近代上海摊贩群体研究:1843—1949[M].济南:山东人民出版社,2013.

图书在版编目（CIP）数据

上海石库门生活习俗 / 赵李娜著. — 郑州：中州古籍出版社，2017.11
（华夏文库民俗书系）
ISBN 978-7-5348-7452-9

Ⅰ.①上… Ⅱ.①赵… Ⅲ.①风俗习惯–介绍–上海 Ⅳ.①K892.451

中国版本图书馆CIP数据核字（2017）第277023号

华夏文库·民俗书系
上海石库门生活习俗

总 策 划	耿相新　郭孟良
项目协调	单占生
项目执行	萧　红
责任编辑	萧　红
责任校对	岳秀霞
封面设计	新海岸设计中心
版式设计	曾晶晶
美术编辑	王　歌

出　版	中州古籍出版社
	地址：河南省郑州市经五路66号
	邮编：450002
	电话：0371-65788693
经　销	新华书店
印　刷	河南新华印刷集团有限公司
版　次	2017年11月第1版
印　次	2017年11月第1次印刷
开　本	960毫米×640毫米　1 / 16
印　张	12印张
字　数	96千字
印　数	1—3000册
定　价	30.00元

本书如有印装质量问题，由承印厂负责调换